Ibn Gabirol. El pensamiento judío andalusí

JUAN ANTONIO PACHECO

Ibn Gabirol. El pensamiento judío andalusí

ALMUZARA

Primera edición: abril de 2025

Editorial Almuzara • Colección Al Ándalus
Editor: Daniel Valdivieso Ramos

www.editorialalmuzara.com
pedidos@almuzaralibros.com - info@almuzaralibros.com

Editorial Almuzara
Parque Logístico de Córdoba. Ctra. Palma del Río, km 4
C/8, Nave L2, nº 3. 14005 - Córdoba

Imprime: Gráficas La Paz
ISBN: 978-84-10527-23-2
Depósito Legal: CO-505-2025
Hecho e impreso en España - *Made and printed in Spain*

A Meti

Índice

Introducción

I

El título de este libro indica el objetivo del mismo: exponer y analizar el pensamiento del filósofo y poeta judío malagueño Ibn Gabirol en el contexto del pensamiento judío andalusí, teniendo en cuenta también sus relaciones con el pensamiento árabe medieval y su influencia en el pensamiento medieval cristiano. Es necesario considerar que, cuando decimos *pensamiento judío andalusí*, estamos aludiendo al pensamiento elaborado por los filósofos judíos en al-Andalus, sabiendo que todos ellos escribieron sus obras filosóficas en árabe, puesto que esta lengua era la de uso común, tanto en la vida cotidiana como en las tareas intelectuales. El hecho de denominar como *judío* a parte del pensamiento andalusí es, por tanto, una convención que nos sirve para distinguir el pensamiento escrito por judíos de aquel escrito por los musulmanes peninsulares. Así, en adelante, consideramos a Ibn Gabirol como *filósofo judío* que escribió su obra filosófica en *árabe* (teniendo en cuenta que la obra filosófica tanto de musulmanes como de judíos andalusíes constituye un elemento fundamental de nuestra herencia cultural), aunque no obstante elaboraría sus poemas en lengua hebrea.

En el conjunto de los pensadores judíos medievales de al-Andalus, Ibn Gabirol de Málaga es una figura eminente que desarrollaría su reflexión filosófica en directo contacto con los pensadores árabes andalusíes sobre un fondo filosófico común, como fue la filosofía griega clásica y helenística, si bien esta, al ser pensada en circunstancias diferentes de las que hubo en su origen, dio lugar a nuevas perspectivas y horizontes intelectuales. En parte, esta transformación se debió a que, en todos los casos, judíos de lengua árabe y musulmanes árabes en la misma lengua, no renunciaron a sus respectivos fundamentos dogmáticos religiosos a los que trataron de armonizar con los imperativos racionales que presiden todos sus escritos. El pensamiento filosófico judío y el pensamiento filosófico árabe —entendidas estas expresiones en los términos que se acaban de establecer— aparecieron y se desarrollaron bajo las mismas circunstancias históricas, políticas y sociales, y compartieron similares procedimientos de argumentación filosófica estando enraizados en la firme creencia de la Unidad divina.

La lectura de la obra filosófica de Ibn Gabirol evidencia un constante diálogo de voces que se cruzan y de sistemas que se relacionan en una sutil amalgama que, a pesar de la dificultad que puede conllevar su cabal comprensión, manifiesta una prodigiosa síntesis intelectual que no obstante tuvo escasa influencia en las generaciones posteriores. Sin embargo, su favorable acogida por parte de los filósofos cristianos tuvo amplia repercusión, y su pensamiento fue analizado —y en parte recuperado— por cimeras figuras del pensamiento escolástico. Aún con todo, la huella de Ibn Gabirol en el mundo judío no se debe a su filosofía, sino a su poesía, logrando algunos de sus poemas autoridad casi canónica y prestigio imperecedero.

II

Shelomó ben Iehuda ben Gabirol, su nombre en hebreo, o Abu Aiub Suleimán ibn Iahia Ibn Gabirol en árabe.[1] al que en adelante siempre nos referiremos como Ibn Gabirol, nació en Málaga en 1022 y falleció en Valencia hacia 1069 ó 1070. Aunque la mayor parte de su vida la pasó en Zaragoza, nunca dejó de sentir un especial apego a su ciudad natal, de la que salió siendo un niño; prueba de ello es que muchos de sus escritos los firma como Ibn Gabirol *el Malagueño* (*al-malaqi*). En al-Andalus fue contemporáneo del polígrafo cordobés Ibn Hazm (m. 1063) y, en parte, del pensador judío Ibn Paquda (n. 1040), así como con los pensadores orientales Avicena (m. 1037) y Algacel (m. 1111).

De acuerdo con los pocos y dispersos datos que poseemos sobre la vida del pensador malagueño, parece ser que esta sería una permanente dedicación al estudio alejado de halagos y honores. Se ha dicho que el retraimiento social de Ibn Gabirol tenía que ver con una grave dolencia (posiblemente tuberculosis cutánea) que llenaba su cuerpo de pústulas sangrantes y dolorosas; el propio pensador alude a ella afirmando que el dolor había plantado tienda en su alma. También se recogen comentarios sobre alguna actividad comercial que pudo ejercer, así como que estuvo casado y tuvo hijos, si bien él aseveró que su única esposa era el estudio; además, a su muy baja estatura —por

1 En adelante, para facilitar la lectura de las palabras en hebreo y árabe, el fonema *sh* deberá leerse como en inglés y el representado por *h*, como *h* aspirada.

la que sufrió burlas de algunos de sus contemporáneos— se añadía su extrema delgadez. Como él mismo afirma en un poema escrito en sus años mozos, hacia sus dieciséis años de edad ya tenía el corazón de un anciano.

El eminente polígrafo judío Moshé ibn Ezra (m. 1138) trazó alguno de los rasgos de la personalidad de Ibn Gabirol, afirmando que el filósofo malagueño llamaba la atención de sus contemporáneos por una agudeza intelectual que se convertía en sátira mordaz cuando se le llevaba la contraria. Ibn Ezra asegura que a veces lo dominaba su facultad irascible y devolvía insulto por insulto, si bien tuvo siempre necesidad de protección o mecenazgo para poder subsistir, como solía suceder con todos aquellos que se dedicaban a tareas intelectuales o literarias. Ibn Gabirol era consciente de que sus ideas eran la quintaesencia de la filosofía, y estaba convencido de que su especulación personal era el verdadero camino conducente a la felicidad en este mundo y la bienaventuranza en el otro. Como proclamó seis siglos después el también pensador judío Baruj Spinoza (m. 1677), Ibn Gabirol también pudo haber dicho que no sabía si había expuesto el mejor de los sistemas filosóficos posibles, aunque de lo que sí estaba convencido era de que el suyo era el verdadero.

Enfermedad, ataques dialécticos, posiblemente envidias cortesanas, pobreza y soledad social hicieron del pensador malagueño el prototipo de un filósofo errante que pasó su vida en diferentes cortes, buscando sosiego y asilo para poder comer y finalizar su obra. Después de abandonar Málaga, en Zaragoza tuvo como mecenas a Yequtiel ben Isaac, visir judío del soberano Mundhir II y, tras su muerte, pasó a residir en Granada bajo la protección de Samuel ibn Nagrela, al que dedica poesías de alabanza; de allí volvería a Zaragoza, donde se recrudecieron los ataques a su persona y tuvo que exiliarse de nuevo, esta vez a Valencia, donde finalmente falleció en 1069-1070, dejando una extensa obra de la que apenas han sobrevivido un puñado de escritos.

III

A pesar de comenzar a escribir a edad muy temprana, la producción de Ibn Gabirol suscitó el asombro, y en algunos casos también el rechazo, de sus contemporáneos, quienes le exigirían que se expresase de forma inteligible, y le acusaron de haber llevado a su pueblo por un camino falso. A estos comentarios, el pensador malagueño respondió que el problema residía en que no había nadie con la suficiente inteligencia como para poder dialogar con él. En cualquier caso, por su formación intelectual y su dedicación al estudio, su obra filosófica y poética ha contribuido a forjar, por parte de los estudiosos de la misma, los epítetos de altísimo poeta, extraordinario filósofo, teólogo insigne, científico, místico, moralista y gramático de altura.[2]

De la poesía escrita por el pensador malagueño, nos consta su *Ha-Anaq*, o *Collar de perlas*, redactado a sus diecinueve años de edad, un poema de cuatrocientos versos acrósticos en los que expone un resumen de la gramática hebrea. Además de poesías de contenido secular sobre temas varios, la cumbre de su obra poética es el *Keter Malkút*, o *Corona Real*, donde en gran medida expone su sistema filosófico versificado. También hay que contar en su haber poético con la obra escrita originariamente en árabe, *Mujtar al-Yawahir*, o *Selección de Gemas*, una selección de máximas de sabiduría clásica que tradujo posteriormente al hebreo Yehuda

2 D. Gonzalo Maeso, «Shlomó Ibn Gabirol, filósofo y teólogo», *Miscelánea de Estudios Árabes y Hebráicos*, 21/2, Granada, 1972.

ben Tibbón con el título de *Mibhar ha-peninim*. También se ha dicho que Ibn Gabirol versificó el libro cabalístico *Sefer Ietsirá*, pero no hay certeza plena de ello. En toda su obra poética, de la que no pueden excluirse sus panegíricos y elegías dedicadas a sus mecenas, Ibn Gabirol evidencia su completo dominio de la lengua hebrea y su gusto por la experimentación en el orden de las palabras, en pasajes de difícil interpretación y en giros expresivos inauditos.[3]

En cuanto a su obra filosófica, cuyo análisis es objeto del presente trabajo, dos son los libros que la fundamentan: *La Fuente de la Vida* y la *Corrección de los caracteres*. En el primero, de carácter netamente filosófico, Ibn Gabirol expone su teoría hilemórfica, según la cual todo lo que existe, excepto su Creador, está compuesto de dos principios que son la *materia* (*híle*, en griego) y la *forma (morfé* en griego). Su lectura y comprensión exigen un notable esfuerzo por parte del lector, un laberinto de caminos en el que se viene de un lado sabiendo por dónde se anda, pero viniendo de otro al mismo punto se desconoce, aquel lenguaje que refiere Wittgenstein en sus *Investigaciones filosóficas*. En la *Corrección de los caracteres*, un tratado de carácter ético y filosófico, Ibn Gabirol argumenta el procedimiento para alcanzar la felicidad y serenidad de ánimo como paso indispensable, y previo, a la comprensión y asimilación de la Verdad Suprema a la que aspira el espíritu humano como meta final de la existencia.

Este libro, pues, puede considerarse como una propedéutica necesaria e indispensable para llegar al fin propuesto en *La Fuente de la Vida*. A todo ello nos referiremos con detenimiento más adelante.

---

3 R. Ruiz Gisbert, «Salomón Ibn Gabirol», *Isla de Arriarán*, XXX, diciembre, 2007, pp. 31-42.

La filosofía judía

Antes de proceder al estudio del pensamiento de Ibn Gabirol, es preciso conocer su relación con la especulación filosófica judía que lo sustenta como uno de sus pilares fundamentales, y como eslabón de la cadena filosófica judía del que forma parte. La expresión *filosofía judía* apareció por primera vez en el año 1740 acuñada por Johan Jakob Brucker, y empezó a utilizarse en el siglo XIX en los círculos académicos, pasando a formar parte de un capítulo más entre los empleados en las historias de la filosofía mundial. Sin embargo, teniendo en cuenta que el ejercicio filosófico es aquel en el que la razón es la guía y el fundamento de toda especulación intelectual, podríamos hablar de filosofía judía y de sus orígenes desde el momento en el que los pensadores judíos empezaron a reflexionar a la luz de la razón sobre los textos revelados, bajo cuya letra podían encontrarse significados más profundos y cuyo desciframiento necesitaba de un notable esfuerzo racional e intelectual. Así sucedió con la lectura e interpretación de los Libros revelados como son la Biblia, el Nuevo Testamento y el Corán, y aunque en un principio esfuerzo intelectual iba encaminado o bien a defender la fe ante sus críticos o a extraer normas de conducta que asegurasen la salvación de sus respectivos creyentes, no cabe duda de que en el fondo de esta tarea se hallaba una profunda reflexión y un detenido análisis racional.

En el pensamiento judío, la tarea intelectual a la que nos referimos se empezó a ejercer sobre lo que de forma general conocemos como la *Biblia*, si bien esta acepción necesita de alguna aclaración. Para el mundo judío, la serie de los veinticuatro libros que componen dicho texto empieza con los cinco atribuidos a Moisés y que en su conjunto se denomina *Torá* o Ley: *Génesis, Éxodo, Levítico, Números* y *Deuteronomio.* A estos libros, les siguen los conjuntos de *Neviím* o *Profetas*, y los *Ketuvim* o *Escritos*, hasta totalizar los veinticuatro que forman la *Biblia* para los judíos, también denominada *Tanaj* o *Mikrá.* Para el mundo cristiano, esta comprende todos estos textos, a los que se suman los cuatro *Evangelios*, los *Hechos de los Apóstoles*, las *Epístolas* y el *Apocalipsis*, esto es, el *Nuevo Testamento.*

El pensador judío, que accede en un primer momento a la reflexión sobre la letra de la Revelación divina, se encuentra no solamente con un *Tanaj* muy amplio y diverso y parece concentrarse en el primero de sus libros (el *Génesis*), sino que también ha de tener en cuenta la ley oral, que es complemento y refrendo de la anterior, y transmitida en una cadena ininterrumpida desde Moisés, que la habría recibido en el Sinaí junto con el Texto Sagrado según la tradición rabínica. Este conjunto de Texto Revelado o *Mikrá* y Tradición (ley oral) o *Misná* sería objeto preferente de la actividad intelectual en los círculos de estudiosos, y constituye el fundamento del material que los judíos abordarían durante milenios. En consecuencia, este constituiría el germen del pensamiento filosófico judío cuya manifestación primera y más definida se produciría en el seno de aquellas comunidades que, tras la diáspora (dispersión) se formarían en lugares como Antioquia, Atenas, Roma y, sobre todo, Alejandría.

LA FILOSOFÍA JUDÍA EN ALEJANDRÍA

Tras la conquista de Egipto por parte de Ptolomeo Soter, se estableció en Alejandría una comunidad judía que ya en la primera mitad del siglo I d.C. superaría el millón de personas. Los eruditos judíos y casi la totalidad de sus compatriotas hablaban el griego y asimilarían la cultura helenística en un despliegue inusitado de actividad cultural que comenzaría por propia la traducción al griego de la *Torá*. Es muy posible que su objetivo fuese atraer la atención de los griegos hacia las producciones literarias y doctrinales judías, al mismo tiempo que se imbuían del espíritu de la filosofía griega, y planteaban la hipótesis de que los autores de los Textos Revelados fueron también los precursores de las verdades que los textos del pensamiento griego exponían.[4] En gran medida, este contacto con la cultura helenística provocó una reacción de la que derivaría aquel esfuerzo argumentativo que trataba de demostrar la superioridad de la Revelación sobre las teorías filosóficas griegas. En este ambiente destacaron Eupolemos, Artapan, y Jasón de Cirene, así como otros pensadores judíos como Aristóbulo y Filón.

Aristóbulo (ca. 150 a.C.) fue maestro de Ptolomeo VI y escribió un comentario de la *Torá*; a él se debe precisamente la exposición más clara sobre lo que se denominó

---

4 D. Gonzalo Maeso, *Manual de historia de la Literatura hebrea*, Gredos, Madrid, 1960.

el *robo de los filósofos*. Según el pensador judío, este hecho, al que aludimos anteriormente, los griegos habrían tenido conocimiento de la *Torá* antes de las guerras médicas, y de ella habrían sacado sus ideas filosóficas fundamentales tanto Sócrates como Platón.[5]

Aunque sin duda, la figura más destacada del movimiento filosófico judeo-alejandrino sería Filón (40/30 a.C - 40/50 d.C.). Desgraciadamente, se conoce muy poco acerca de su vida, si bien hay constancia de que nació en Alejandría y perteneció a una familia bien acomodada y conocida tanto entre los judíos como entre los griegos. Precisamente en la lengua helena escribió sus obras, algunas de ellas conservadas en su traducción latina o armenia. En ellas se manifiesta un sincretismo en el que, sobre el fondo judío, se yuxtaponen elementos platónicos, estoicos, pitagóricos y aristotélicos que el autor intenta armonizar entre sí. Aunque como afirma San Jerónimo en uno de sus escritos, su veneración para con la filosofía platónica le valió el calificativo de *Platón judío*, la admiración manifiesta de Filón por el pensamiento griego no le impidió respaldar aquella supuesta superioridad de los Textos revelados judíos. Con un propósito claramente apologético, se propuso armonizar ambas tendencias dirigiendo sus argumentos no tanto a sus compatriotas griegos como a sus correligionariosa que, viviendo en el seno de la cultura helenística, podrían correr el peligro de olvidar sus tradiciones y dogmas.

Filón, creyente sincero en los dogmas de su religión, destaca claramente la Unidad y Trascendencia divinas y *ni siquiera el mundo entero serían un lugar ni una morada digna del Creador porque está lleno de sí mismo y a sí mismo*

5 M. J. Lagrange, *Le Judaisme avant Jesús Christ*, París, 1931.

se basta tal como Él mismo se definió en el Sinaí: Yo soy El que Soy.[6] Para salvar la distancia ontológica entre Dios y los seres, Filón introduce una serie de intermediarios cuya presencia procede de la filosofía de Platón y de elementos estoicos, y destaca en primer lugar la actividad del *Logos* como primer principio subalterno al que el filósofo le da el carácter de divino, pero subordinado de tal forma que lo podemos concebir como una especie de sombra de Dios de la misma forma en que el mundo sensible es una sombra del *Logos.*

Del *Logos* proceden una *Potencia creadora* semejante al Demiurgo platónico, y una *Potencia real* o *Señor* por medio de la cual el *Logos* ejerce su dominio sobre todas las cosas. Asimismo, de estas *Potencias* proceden otras bajo las cuales están las *Potencias cooperadoras,* que son los ángeles y demonios que cooperan en la creación del ser humano en el que se mezclan el bien y el mal, Todo este conjunto de seres está contenido en el *Arca* que viene a representar el mundo inteligible.[7] Bajo el mismo se halla el mundo sensible creado junto con el tiempo, pero con una secuencia en la que, en primer lugar, la *Potencia creadora* haría el mundo inteligible ya mencionado, al que sigue una creación en seis días de donde surgen los elementos, los vivientes y el ser humano. Por debajo del mismo sólo existe la materia, que es la ausencia de ser y el vacío. Dicha materia es pasiva, informe, oscura e inanimada a la vez que imposible de cualificar aunque, según Filón, está compuesta de los cuatro elementos: aire, fuego, tierra y agua.

---

6 E. Bréhier, *Les idées philosophiques et religieuses de Philon d'Alexandrie,* París, 2ª edición, 1925.

7 G. Fraile, *Historia de la Filosofía,* Madrid, 1971.

En su intento de conciliar el platonismo y el estoicismo con su fe judía, Filón nos ofrece una nueva interpretación del concepto del Universo que se plasma en un esquema que veremos aparecer en casi todas las variantes del neoplatonismo e influirá notablemente en el pensamiento filosófico árabe que tratará de armonizar su fondo religioso con el pensamiento filosófico helenístico.

LA FILOSOFÍA JUDÍA EN ORIENTE Y TIERRAS DEL ISLAM

Después de este periodo en que se plantearía por primera vez el problema de las relaciones entre las verdades reveladas en la Sagrada Escritura y la filosofía advertida, sobre todo en el pensamiento de Filón de Alejandría, y tras la caída de Jerusalén a manos del emperador de Roma, Vespasiano, en el año 70 d.C., la actividad de los pensadores judíos se centraría en el Texto revelado y en su interpretación y cumplimiento, lejos de toda influencia filosófica foránea. En este enfoque destaca el celo de los tannaitas (sabios rabínicos), quienes refrendaron todos sus asertos con citas literales del mismo del Texto dando lugar al contenido de la *Misná*, que acabaría codificada por Yehuda ha-Nasi (138-210 d.C.). Esta constituye una amplia compilación de las leyes tradicionales de la escuela de los fariseos, pues su contenido abarca la vida entera del pueblo judío, y constituiría el factor decisivo en la fijación de los ideales del judaísmo post-bíblico. La autoridad y trascendencia de esta *Misná* perduró viva durante los tres siglos siguientes a su redacción, siendo los sucesores de los tannaitas los *amoraím*, cuyo nombre, procedente del arameo, significa «intérpretes» o «expositores». La localización geográfica donde se ejerció esta labor abarcaba un amplio territorio donde estaban las escuelas de Cesarea, Tiberíades, Nehardea, Sura y Pumbedita,[8] en Babilonia.

El estudio de la *Misná* que llevarían a cabo los amoraíticos se designó con el nombre de *Talmud* («estudio» o «enseñanza») —o *Talmud Torá* en su denominación completa—, y que define el conjunto de comentarios que estos desarrollaron para desentrañar el contenido de la *Misná.* Esta práctica, llevada a cabo en los diferentes centros mencionados, daría cuerpo al llamado *Talmud de Jerusalén* y al *Talmud babilónico,* también denominado *Gemará,* término arameo que se traduce como «estudio acabado». El *Talmud,* en ambas versiones, es el conjunto más completo de lo referido a las actividades humanas en todos sus aspectos, y consta de leyes, prescripciones, disposiciones jurídicas y contiene reflexiones de orden teológico y filosófico, así como sobre cosmología, ciencias naturales y todo aquello que atañe a todas las circunstancias de la vida judía.[9]

Todo este inmenso fondo jurídico y doctrinal judío babilónico, así como la actividad intelectual que lo sustentaba, pasó a manos del islam cuando dicho territorio, en el año 637, fue conquistado en el contexto de la expansión oriental, política y militar, de este naciente imperio. A lo largo de los dos siguientes siglos, el mundo intelectual judío entrará en contacto y dará lugar a una inusitada simbiosis filosófica con el pensamiento islámico que tendría amplias repercusiones para la filosofía judía oriental. Durante este periodo, la labor intelectual judía

8 Actualmente la ciudad iraquí de Faluya, a 69 kilómetros al oeste de Bagdad.

9 D. Gonzalo Maeso, *Op. cit,*, p. 402.

se centraba en la interpretación de las disposiciones teológicas y jurídicas ejercida por el dirigente de cada una de las comunidades judías —ahora insertas en la sociedad islámica—, denominado *gaón*, y considerado por el califa como jefe espiritual del judaísmo. Los gaones en sus dictámenes interpretativos de las numerosas cuestiones que debían solucionar a petición de sus corresponsales, acudían a argumentos racionales conducentes a la recta aplicación de la *Midrás* y de los múltiples sentidos de la Escritura revelada, y sobre todo, a la debida aplicación de la *halaka* o norma de vida que resultaba ser un modo de vida con fuerza de ley.

EL ENCUENTRO DEL PENSAMIENTO JUDÍO ORIENTAL CON EL PENSAMIENTO ISLÁMICO

El califato abbasí de Bagdad se fundó en el año 750 y alcanzó su máximo esplendor cultural bajo el reinado del califa al-Mamun, que gobernó entre el año 913 y el 933. Hasta entonces, la presencia en Oriente de un dominio político, social y religioso musulmán supuso la coexistencia en un mismo territorio de dos religiones reveladas basadas en sus correspondientes Libros, el *Corán* y el *Tanaj*, que además poseían un complemento a los mismos consistente en tradiciones orales que pasaron a ser escritas, como es el caso del *hadiz* y la *sunna,* para el islam; y la *Midrás* y el *Talmud* para el judaísmo. No hay que olvidar que también en el mismo Oriente del que estamos hablando florecieron comunidades cristianas que desarrollaron un alto grado de plenitud filosófica desde, por lo menos, la constitución de la escuela filosófica cristiana de Alejandría y las de Cesarea y Siria. Estas, sin embargo, no llegaron a tener el mismo tipo de relación con el pensamiento islámico de la forma en que la hubo entre el mismo y el pensamiento judío.

En el mundo islámico, desde la implantación del califato omeya de Damasco, empezó a originarse un ejercicio intelectual destinado a la interpretación del Corán cuyo nombre en árabe, *al-Qur'an* («lectura» o «recitación») se corresponde literalmente con el término hebreo *Miqrá* ya citado, pues ambas palabras derivan de la misma raíz semítica a la que pertenecen el hebreo y el árabe. La indagación de los estudiosos musulmanes se dirigía igualmente a la búsqueda de las profundidades espirituales y doctrinales que subyacen bajo la letra del Texto revelado, y el hecho de que dicho estudio se hiciera sobre la Palabra divina, y siendo *kalima* el término árabe que traduce al de *Palabra*, dio lugar a la expresión *kalam*. Esta suele traducir como «teología» y a quienes a ella se dedicaron fueron llamados *mutakal-limun*, estudiosos que, para su ejercicio intelectual altamente considerado por la sociedad, empleaban la razón como guía conducente al recto entendimiento de los datos de la fe.

Posteriormente, una vez consolidado el califato abbasí de Bagdad, al-Mamun fundó un centro de traducciones, la Casa de la Sabiduría —no lejos de la sede del palacio—, y envió misiones a diversas partes del imperio para adquirir el mayor número posible de obras griegas que habrían de ser traducidas al árabe en esta citada institución. Por otra parte, ya en el siglo V los cristianos sirios ya habían traducido al siríaco muchas de las obras de filosofía y ciencia que también fueron llevadas a Bagdad. Gracias a esa inmensa tarea traductora, se transmitieron a la cultura árabe y musulmana las obras de Platón o la mayor parte de las de Aristóteles junto con los comentarios a las mismas de Alejandro de Afrodisias, Ammonio y Temistio, junto a las de Galeno, Hipócrates, Dioscórides, Euclides, Ptolomeo y la *Isagogé* de Porfirio, de la que se cuentan más de 500 comentarios árabes. Este vasto conjunto de traducciones realizadas fue decisivo para el rumbo que habría de tomar la reflexión de los filósofos musulmanes, los *falásifa*, así como el fundamento de sus sistemas sobre la estructura del mundo y los seres.

No obstante, de entre todas ellas, las que resultarían decisivas en dicha orientación fue el conjunto que se tradujo bajo el título de *Teología de Aristóteles* así como el *Tratado de las cinco sustancias.* La primera de ellas es una paráfrasis de las *Enneadas* IV, V y VI de Plotino, redactada en siríaco hacia el siglo VI. En la misma se expone la generación de la *Realidad* partiendo del *Uno,* al que sigue un orden jerárquico de emanaciones cualitativamente en descenso hasta llegar al mundo. A tenor del título que se le dio a dicho libro, los *falásifa* lo consideraron como escrito por el Estagirita, y su influencia llegó a los estudiosos judíos que tenían conocimiento de los círculos patrocinados por al-Mamun (en su momento, veremos la presencia de sus tesis en la obra de Ibn Gabirol). En cuanto a la segunda de las obras citadas, conocida también como el *Pseudo Empédocles,* viene a ser una compilación de las ideas de Plotino y Proclo con elementos herméticos.

Al mismo tiempo en que van apareciendo las traducciones árabes, en el seno del imperio abbasí tuvieron lugar acontecimientos de orden teológico e ideológico que supondrían una seria reflexión sobre temas capitales del dogma, como fueron los del libre albedrío y la predestinación divina, a la que iba unida la cuestión sobre si también los actos humanos quedaban bajo el designio de tal determinación. A estas se sumarían posteriormente las relativas a la creación del Corán, la justicia divina, la situación del creyente en la otra vida de acuerdo con sus actos en esta, y la naturaleza de los Atributos divinos. Gran parte de estas controversias se produjeron no solamente en Bagdad, sino también en Damasco, Kufa y Basra (en el actual Iraq), donde había tenido su círculo de estudios Hasan al-Basri (m. 728), la figura más destacada del pensamiento religioso del primer siglo de la era musulmana.

Hay que tener en cuenta que a los círculos de estudio y debate promovidos el califa al-Mamun pudieron tener acceso algunos estudiosos judíos que habitaban en Bagdad o en localidades cercanas a la capital del imperio; por tanto, de un modo u otro, estos fueron testigos de todas estas controversias. Las comunidades judías asentadas en el califato bagdadí eran tributarias del mismo, pero también protegidas por este en tanto que pertenecían a un pueblo con Libro revelado, y no es erróneo pensar que sus miembros intelectuales más destacados fueran lectores de las obras filosóficas de origen griego que se estaban traduciendo habida cuenta de que la lengua común para todos, incluidos los judíos, era el árabe.

En el contexto de las disputas intelectuales en torno a las cuestiones citadas, hubo pensadores musulmanes que se inclinaron por el uso determinante de la razón como único criterio decisorio en la indagación y la argumentación de sus postulados. A quienes más claramente se inclinaron por esta función eminentemente racional se les denominó *mutazilíes*, o «los que se aíslan» del resto de los que se consideraban más moderados. En gran medida, ellos fueron los que abrieron la puerta al ejercicio filosófico racional en el pensamiento islámico que recurrió a la terminología y estructura del pensamiento griego y helenístico para dar consistencia a sus reflexiones.

De forma simultánea a esta formación del *kalam* musulmán y a la presencia del pensamiento *mutázil*—que, como decimos, destacó por su carácter racionalista y favorecida por la unidad cultural del mundo islámico del momento—, la autoridad moral de los *gaones* judíos se extendió por toda la Diáspora e hizo que el *Talmud* quedase consagrado como norma fundamental del judaísmo y, por tanto, viniese a ser objeto de estudio y análisis por parte de los eruditos que también empleaban los métodos racionales para dicha labor.[10] Este hecho ha dado lugar a que algunos estudiosos del pensamiento judío medieval se refieran a la existencia de un *kalam* judío con sus rasgos característicos propios,[11] pero semejante al musulmán en cuanto a sus intenciones racionalistas y, en consecuencia, con defensores y adversarios en lo tocante a cómo se debía abordar el análisis de los Textos sagrados.

De esta manera surgió el movimiento de los caraítas —o lectores de la Sagrada Escritura— en el seno de ese judaísmo oriental, quienes se ceñían exclusivamente a la misma rechazando la *Misná* y el *Talmud* dejando de lado, a su vez, toda interpretación alegórica de la misma y profesando su interpretación directa y personal de la misma mediante el ejercicio de la razón dando cabida también a la filosofía. En la escuela que los caraítas formaron en Qairawan (en el actual Túnez) destacaría Ishaq Israeli (ca. 855-955), natural de Egipto y médico del califa Ziadat al-Lah III (m. ca. 916). Entre sus obras, escritas en árabe y traducidas al latín, destacan el *Libro de las definiciones*, el *Libro de los elementos* y el *Libro del espíritu y el alma*. En ellas, el autor expone un esquema de la *Realidad* basado en las tesis neoplatónicas y en las del *Sefer Ietsirá*, texto cabalístico que el autor comentó

10 D. Gonzalo Maeso, *Ibid.*, p. 421.
11 D. H. Frank, *History of Jewish Philosophy*, Routledge, Londres, 1997.

y al que nos referiremos más adelante. Algunos estudiosos del pensamiento judío indican que Israeli fue el antecedente inmediato del pensamiento de Ibn Gabirol.

La variante teológica caraíta se consolidaría hacia el año 830 de la mano de Benjamín Nahavandi cuando, al mismo tiempo, se estaban formando las variantes racionalistas en el *kalam* musulmán, de manera que, como en este caso, encontraría también sus adversarios en el mundo judío: los rabbanitas o talmudistas. Estos mantuvieron la tradición talmúdica de la interpretación sin fisuras de la Escritura, si bien en algunos de sus autores se evidencian influencias platónicas, como es el caso de su más egregio representante: Saadía ben Yosef al-Fayyumi.

También conocido como Saadía ha-Gaon (882-942), habría nacido en Fayyum, en el Alto Egipto, y elevado al cargo de *gaón* en Sura en el año 928, fue un experto lingüista y se le considera creador de la lingüística hebrea, traductor de la Sagrada Escritura al árabe —en la que también escribiría todas sus obras—, poeta y *padre de la filosofía judía* por su comentario al *Séfer Ietsirá*. Su obra filosófica fundamental es el *Libro de las creencias y los dogmas*, en la que expone su sistema filosófico ubicando la presencia del Creador y de su creación del mundo de la nada, siendo en el universo lo que es el alma en el ser humano y que, como creada por Él, tiene tres potencias: la *concupiscencia*, la *ira* y la *razón*. Estas pueden ser fácilmente reconocidas como las mismas que Platón destaca en su obra. Considerado por Abraham ibn Ezra como la primera autoridad dialéctica en todos los ámbitos, Saadía ha-Gaón fue el pensador judío más leído de su tiempo y el primer exponente de los que se ha denominado *cultura judeo-arábiga*,[12] así como del *kalam* judío.

---

12 D. Gonzalo Maeso, *Op, cit.*, p. 424.

Sin embargo, cabe decir que Saadia ha-Gaón, en lo relativo a su carácter de representante eminente de dicho *kalam* o teología racional judía, se nos presenta como un pensador ecléctico que persigue el objetivo de que sea la filosofía la que ofrezca argumentos para dar solución racional a cuestiones plateadas en las Escrituras, sin pasar a formular propuestas racionales para entender cuestiones teológicas tales como las relativas a la relación del ser humano con el Creador de la misma, o parecida forma a la que abordaron estos temas los mutazilíes musulmanes. También es cuestionable su racionalismo cuando expone el alcance de los milagros que constan en la Biblia, sobre todo el relativo al sustento divino del maná que descendía del cielo en los momentos en los que la comunidad judía estaba en el desierto tras su salida de Egipto. En su opinión, los milagros bíblicos venían a confirmar la validez de las proclamas de los profetas, aunque su misión, estando refrendada por la Voluntad divina, se encarnaba en seres humanos determinados por ella sin que su naturaleza dejase de ser humana en su totalidad como proclaman los textos del Corán.

Cuando en su libro citado Saadía analiza las leyes de la tradición judía, emplea la distinción usada por los *mutakallimun*, que aducen la existencia de leyes emanadas de la razón y leyes que proceden de la Revelación divina. En todos los casos posibles en los que se presenten cuestiones jurídicas, dice Saadía, las leyes emanadas de la razón requieren un sustento y una justificación final que sólo se encuentra en las leyes reveladas.[13]

13 A. Hyman, «Jewish Religious Conceptions and Medieval Pahilosophy», *Actas del V Congreso Internacional de Filosofía Medieval.* Editora Nacional, Madrid, 1979, pp. 115-124.

En este amplísimo horizonte intelectual, a finales del siglo X floreció en estos territorios una escuela de *kalam* judío que seguía muy de cerca las tesis de la escuela musulmana *mutázil* de Basra, en la que destacarían el rabbanita Samuel ben Shofni y el caraíta Yusuf al-Basir. Aunque la figura más sobresaliente en este terreno fue Dawud ibn Marwan al-Muqammis, pensador judío converso al cristianismo y luego vuelto al seno del judaísmo, quien introduce en sus escritos conceptos netamente aristotélicos como los de *sustancia* y *accidente*, junto a otros de origen platónico empelados por Saadía Gaón.[14]

LA FILOSOFÍA JUDÍA EN AL-ANDALUS

La filosofía judía andalusí empezó a destacar como ejercicio racional propiamente dicho ya en el siglo XI de mano del pensador Ibn Altarás (m. 1095), quien introdujo la tendencia caraíta, si bien acabó predominando la rabbanita promocionada por Yehuda ibn Ezra. No obstante, ambas variantes quedaron en el olvido frente a la presencia filosófica de Ibn Gabirol, contemporáneo de Ibn Altaras. Lo cierto es que a partir del siglo XI la filosofía judía andalusí floreció con esplendor inusitado manifestando un cruce de tendencias filosóficas que provenían del pensamiento griego y, en cierta medida, de los *falásifa* musulmanes sin olvidar sus raíces doctrinales propias, cuyos rasgos definitorios hemos descrito anteriormente. El motivo y origen de los contactos, influencias o paralelismos filosóficos que tienen lugar a partir del siglo mencionado en el seno de las comunidades judías hay que buscarlo, no solamente en la activa promoción cultural

14 D. H. Frank, *Op. cit.*, p. 143.

de los califas cordobeses Abd al-Rahman III y al-Hakam II en una primera etapa, sino sobre todo en los reinos de taifas peninsulares, especialmente en el de Zaragoza, donde nació Ibn Paquda hacia 1040. Su obra fundamental, *Los deberes de los corazones*, evidencia una notable similitud con las tesis místicas de Algacel. También son dignos de mención Abraham ben Hiya ha-Nasi (1065-1136), que vivió en Barcelona y escribió un tratado de geometría y otro de contenido moral titulado *Meditación sobre el alma*; y el cordobés Yosef ben Saddiq (1080-1149), autor de un libro de lógica y otro titulado *Microcosmos*, un resumen de tesis teológicas que evidencia una base neoplatónica con algunos elementos aristotélicos.

Más cerca de las tesis aristotélicas está la obra del ya citado Abraham ben Meir ibn Ezra (1092-1167), natural de Tudela, que viajó por Túnez y países de Europa. Astrónomo, astrólogo, poeta y teólogo, en su *Libro del hombre* deja ver no solamente influencias aristotélicas en su mayor parte, sino también algunos rasgos neoplatónicos y una clara presencia del pitagorismo. En este libro el autor analiza el simbolismo que contiene el tetragrama divino YHVH con el que el mundo judío expresa el nombre de Yahveh. En el mismo, según Ibn Ezra, el Creador está representado por el número 1 que contiene todos los números en el sentido en que todos ellos lo contienen, como en gran medida también opina Ibn Gabirol— y también expuso magistralmente Ibn Arabi de Murcia en su libro *Las gemas de la Sabiduría*. Por otro lado, Ibn Ezra considera al número 10 altamente simbólico pues se refiere a las esferas celestes (nueve, dejando aparte la primera de ellas que corresponde a YHVH) y atribuye cualidades milagrosas al cuadrado mágico o sello de Salomón, resultado de disponer los nueve primeros números en un cuadrado en cuyo centro está el 5 y los números pares 6, 2 8 y 4 en los cuatro ángulos dando la suma de 15 en todas direcciones. Dado que el número 15 es el valor numérico de las letras YH que contienen la mitad de tetragrama, el cuadrado así confeccionado posee virtudes milagrosas.[15]

En Tudela y formado intelectualmente en el reino taifa de Zaragoza como Ibn Gabirol, nació el médico y poeta Yehuda ha-Levi (1075-1162). Viajó mucho por las juderías andalusíes y, tras la invasión almorávide, se refugió en Toledo, donde residió un tiempo para viajar después a Sevilla y Lucena. En busca de sus raíces judías viajó a Egipto y Jerusalén donde, según una leyenda, un árabe le dio muerte a las puertas de la ciudad cuando cantaba un himno a Sión. En su obra destaca la crítica al racionalismo filosófico a la manera en que Algacel lo hizo en el mundo islámico, manifestando la superioridad de la fe frente a los dominios de la razón.[16] El su libro titulado *Cuzary*, escrito en árabe como el resto de su obra, realiza una apología del judaísmo y expone una crítica contra caraítas y rabbanitas, opinando que el pueblo judío es el pueblo elegido de forma que la Gloria divina está unida al Israel eterno de la misma forma que el alma está unida al cuerpo.[17] Este libro expresa también su intención cuando relata que un ángel se le aparece en sueños al rey de los Jazares para informarle que, a pesar de que su fe es grata para el Creador, sus acciones no lo son, sueño que el rey interpreta creyendo que lo que pretende YHVH es un mayor celo para mejorar ese cumplimiento. Sin embargo, cuando el ángel vuelve a manifestarse con el

15 G. Fraile, *Op. cit.*, p. 105.

16 J. Millás Vallicrosa, *Jehudá Ha-Levi como poeta y apologista*, Madrid, 1947.

17 Iehuda ha-Levi, *Cuzary*, Editora Nacional, Madrid, 1979.

mismo mensaje, el rey extrae que de lo que se trata es de se reforme en su totalidad un medio de vida y de comportamientos por parte de sus súbditos. En consecuencia, invita a un filósofo aristotélico, seguido de uno cristiano y de otro musulmán y, viendo que sus consejos no son satisfactorios, acaba invitando a un pensador judío que le dice que la intervención milagros de YHVH en el proceso histórico de las naciones es el fundamento de su fe, de lo que deduce que Israel es una nación elegida

De especial relevancia e importancia en el pensamiento judío andalusí y en el judío en general es la figura de Moisés ben Maimón, más conocido por el patronímico helenizado de Maimónides (1135-1204), al que citamos aquí brevemente para completar el cuadro esquemático de la filosofía judía andalusí, aunque se halle cronológicamente lejano de Ibn Gabirol, al que Maimónides tampoco se refiere en ningún momento o pasaje de sus obras. Natural de Córdoba y contemporáneo de Averroes, el fondo aristotélico de su obra filosófica y su racionalismo cuando interpreta alegóricamente la Sagrada Escritura le valió el rechazo de los tradicionalistas de su comunidad. Cuando los almohades ocuparon Córdoba en 1148, su familia simuló la conversión al islam y, tras residir en varias ciudades andaluzas, se dirigió a Fez, donde fijó su residencia en 1160. En 1165 estuvo en Alejandría y después en El Cairo. donde escribió en árabe la mayor parte de sus obras entre las cuales destaca, por su importancia filosófica, la *Guía de Perplejos*, fechada en 1190. Judío creyente, cercano a la variante rabbaní, Maimónides considera a la Sagrada Escritura como la verdad divina, y así lo evidencia en su *Guía*, cuando aborda la explicación de las verdades contenidas en la *Torá* considerando dos niveles de acceso: el literal o aparente y el oculto o espiritual.

En lo tocante a la Naturaleza divina, Maimónides trata de excluir toda referencia antropomórfica salvando el concepto absolutamente trascendente de dicha Esencia, que se identifica con su misma Existencia. La creación, en su opinión, se estructura en forma de diez *Inteligencias* puras, o ángeles, que carecen de materia, estando nueve de ellas unidas a otras tantas esferas celestes compuestas de un quinto elemento, el *éter* aristotélico, moviéndose todas ellas con movimiento circular uniforme. La décima de las *Inteligencias*, la del *Entendimiento agente*, influye en el paso de la potencia al acto de la misma forma en que Aristóteles entiende la constitución del movimiento y el cambio en los seres del mundo terrestre. Dicho *Entendimiento* suministra también las formas inteligibles a los entendimientos pasivos o receptivos de los seres humanos, de la misma forma en que el Estagirita formuló la formación de los conceptos universales en los mismos. Para Maimónides, el ser humano es un microcosmos compuesto de materia y forma, siendo la primera el cuerpo y la segunda el alma; ambas presencias, indisolublemente unidas, deben ser preparadas por medio de un ejercicio intelectual adecuado para recibir la actividad del *Entendimiento agente.*

LA CÁBALA EN EL PENSAMIENTO JUDÍO

En lo que precede, hemos dicho que algunos autores como Saadía ha-Gaón o Isaac Israeli comentaron el libro titulado *Sefer Ietsirá*, o *Libro de la Creación*, que pasa por ser el primer tratado cabalístico del que se tiene noticia, y que también fue glosado por otros muchos pensadores judíos entre los cuales, según algunos autores, se encuentra Ibn

Gabirol. Es preciso, por tanto, referirnos brevemente a la cábala como uno de los ingredientes del pensamiento judío medieval o, por lo menos, como uno de los aspectos a tener en cuenta en algunas de las formulaciones de ese pensamiento, puesto que para la misma ningún elemento del universo carece de profundidad infinita, y es posible acceder a ella desde un punto de vista simbólico y, a la vez, eficaz y productivo.

La palabra *cábala* —en hebreo *qabbala*— significa «recepción» o «tradición» y deriva de la raíz *qabal*, que se traduce como «recibir»; en consecuencia, podemos decir que la cábala es la ciencia recibida de lo Alto y transmitida por vía oral. El hecho de que la misma esté envuelta en el arcano, el misticismo y el enigma puede llevarnos a deducir que en la cábala se encierra una tradición más oculta sobre el conocimiento o ciencia de la Palabra divina y, por tanto, definirse como una doctrina esotérica sobre los misterios del Creador y del universo, o como el conjunto de doctrinas dogmáticas, filosóficas o simbólicas que los antiguos judíos se transmitían por tradición. También puede definirse como un sistema místico de interpretación de las Escrituras Sagradas transmitido desde la época talmúdica como tradición esotérica, y desarrollada desde el siglo XIII en combinación con elementos filosóficos.[18]

Algunos autores judíos hacían remontar el origen de la cábala hasta Adán o Abraham y los patriarcas, otros muchos señalaban un origen simultáneo al de la *Torá* y a una tradición oral paralela a la de la *Misná*, y el *Talmud* afirma que las palabras de la cábala son semejantes a las palabras de la *Torá*. Aunque el término *cábala* no aparece en la literatura judía antes del siglo XI, hay

18 D. Gonzalo Maeso, *Op. cit.*, p. 414.

datos para suponer que su existencia es muy anterior a la era cristiana, y esos indicios se manifiestan en expresiones como *sabiduría oculta* o *secretos de la Torá*, y que sus estudiosos se denominasen *viajeros del carruaje* o *razonadores*, calificativos que aparecen en relatos o comentarios de la Escritura a cuyo estudio se aplicaron métodos alegóricos.

En las escuelas de estudio babilónicas, sobre todo en las de Sura y Pumbedita, ya desde el siglo VII empezaron a aparecer tendencias que indicaban una emancipación de la rigidez talmúdica, buscando apoyo discursivo tanto en teorías de presencia platónica más antiguas como la presentada por Filón, como en aperturas a un misticismo esotérico. En este caso, se produjeron abstrusas lucubraciones envueltas en el velo del misterio que favorecían la reserva de los judíos dispersos por todo Oriente.[19] La cábala es un fenómeno único en la historia de las reflexiones cobre los Textos revelados y no debería ser entendida como una mística en el sentido que esta actividad tiene para los textos cristianos, pues el cabalista no busca una fusión o unión con el Creador, ni tampoco la disolución de su personalidad en esa unión, sino que su propósito es más bien acceder al encuentro directo con el Creador tal como se expone en el *Cantar de los cantares, Shir ha-shirim* en hebreo. La raíz hebrea de la palabra *shir* remite semánticamente al significado de «collar» o «cadena», y de ello deducimos que el cabalista de lo único que trata es de encadenarse amorosamente a los designios de su Creador para regresar al Jardín del que fue expulsado Adán. Desde este punto de vista, la forma de vida que propone el cabalista es aquella que conduce a la restitución del vacío que representó la caída original

19 *Ibid.*, p. 415.

del ser humano en un horizonte presidido por el anhelo y la esperanza.[20]

De acuerdo con estos fines, el cabalista utiliza procedimientos exegéticos que posibiliten el buen resultado de sus indagaciones en las entrañas de la Letra. Tales métodos se concretan en tres: la *gematría* o *cábala aritmética*, la *cábala de siglas* y el procedimiento de *conmutación* o *substitución*. En el primer caso, se trata de extraer recónditos sentidos de la Escritura mediante la computación del valor numérico propio de las letras del alfabeto hebreo y de su disposición en el Texto. En cuanto al segundo, se tienen en cuenta las letras iniciales, finales o intermedias de una palabra a partir de las cuales se forman otras que explican el sentido oculto en la significación literal. En lo tocante a la *substitución*, esta consiste en formar anagramas, pseudónimos, alteraciones expresivas de sentidos o cosas ocultas, mediante el *trastueque del orden natural de las palabras o de las letras dentro del mismo vocablo a tenor de diversas normas convencionales.*[21]

Como textos cabalísticos fundamentales contamos con tres libros: el *Sefer Ietsirá*, o *Libro de la Creación*, el *Sefer ha-Bahir* o *Libro de la Claridad* y el *Sefer ha-Zohar* o *Libro del Esplendor.* El primero de ellos fue estudiado a fondo por Ibn Gabirol y, posiblemente también tuvo noticia del segundo, aunque del tercero no pudo conocerlo, pues su aparición tuvo lugar en el siglo XIII. El *Sefer Ietsirá* es el libro cabalístico cuyo contenido filosófico hace de él la obra más antigua escrita en hebreo, y constituye el nexo de unión entre lo que podríamos llamar misticismo judío oriental y el desarrollo pleno de la cábala en Occidente. La obra tiene una estructura semejante a la

20 G. Scholem, *La Cábala y su simbolismo*, Madrid, 1979.
21 D. Gonzalo Maeso, *Op cit.*, p. 418.

de la *Misná*, con seis divisiones fundamentales fraccionadas en compendios más pequeños, los *misnaiot*, y se refiere a los diez elementos del mundo que se ubican en los diez primeros números y en las veintidós letras del alfabeto hebreo que, junto a los diez *sefirot* o atributos del Árbol de la Vida, forman los treinta y dos senderos de la sabiduría.

El acto creador de YHVH procede de la Voluntad divina, como afirmará en su momento Ibn Gabirol, que crea el mundo por medio de las 22 consonantes del alfabeto hebreo, tres de las cuales, que califica de letras madre: *alef*, *mem* y *shin*, constituyen el Secreto sellado con seis anillos de los cuales han surgido tres elementos: aire, agua y fuego.[22] La creación del mundo, según el libro, se produjo en tres dominios: la Escritura o Libro, *Sefer*; el Número, *Sefar*; y la Palabra o *Sippur*. Estos dominios son las manifestaciones de la Sabiduría divina de la que surgen los tres elementos citados y, a continuación, por medio de la Palabra y el Número, surgen los siete cielos, los siete planetas, las siete tierras, los siete días, y así sucesivamente. En ese contexto universal, el ser humano es un microcosmos similar al mundo del que forma parte, en tanto que en su estructura entran todas las combinaciones numéricas y gramaticales que forman el universo.

Hemos mencionado anteriormente a los *sefirot* o emanaciones divinas que constituyen uno de los fundamentos de las especulaciones cabalísticas, pues en las mismas se despliega la Fuerza creadora divina a cuyo estudio se dirige la indagación del cabalista. YHVH, en la medida en que se puede decir que se «revela», lo hace

22 J. Peradejordi en su introducción a *Jacobo Gaffarel: Profundos misterios de la Cábala divina*, Barcelona 1981.

por mediación y despliegue de esa *Potencia* creadora, de tal forma que abarca lo que los filósofos y teólogos judíos denominaron el *mundo de los atributos divinos*, que se despliegan y crean. Partiendo de este fundamento argumentativo, para el cabalista las letras de la *Torá* son algo más que medios convencionales de comunicación, pues cada una de ellas es un punto de *Energía* y expresa una enorme variedad de sentidos que hacen casi imposible su traducción al lenguaje humano. Hay que tener en cuenta que cuando los cabalistas hablan de atributos divinos, o *sefirot*, están describiendo este mundo oculto bajo diez aspectos pero, si por el contrario, hablan de nombres y letras divinas, deben acudir a la concreción de las 22 letras del alfabeto hebreo con las que está redactada la Sagrada Escritura, que se plasma en el mundo en el que vivimos como un proceso que subsiste como un ser orgánico. Como dijo el autor de un comentario al *Zohar*, la *Torá* tiene una cabeza, un cuerpo, un corazón y una boca, así como el resto de los miembros de un ser humano, metáfora que remite a la multiplicidad estructurada de significados del Texto y que da pie a la indagación de su sentido oculto o esotérico.

Lo que tan brevemente estamos indicando acerca de la cábala, con la mero intención de establecer el marco general sobre el que podría especularse su relación con el pensamiento de Ibn Gabirol, conduce a referirnos a dos divisiones o clases de la misma que tuvieron su propio y particular desarrollo a lo largo de su historia hasta nuestros días. Así, por una parte contamos con la *cábala especulativa* o mística, que aspira a una interpretación íntima de la Escritura y al conocimiento del Creador y su Naturaleza. Por otra, podemos hablar de una *cábala maasit* o práctica, que con el tiempo degeneró en magia con la pretensión de obrar prodigios, sanar enfermos o ahuyentar males, algo que conllevó la condena de Maimónides y su total enemistad hacia los cabalistas y sus métodos, condena que también compartió siglos después el filósofo judío Spinoza.

La idea de la *Torá* como un organismo vivo dio lugar a muchas especulaciones tanto filosóficas como peregrinas y fantasiosas, siendo una de ellas la llamativa y sugerente del denominado *gólem*: una extraña figura de las leyendas asociadas con el ejercicio cabalístico y que traemos a colación por la relación que tiene con la figura de Ibn Gabirol. Fue, como sabemos, Gustav Meyrink el que con su novela *El Gólem* dio forma a un mito fantástico que nutrió parte de la literatura judía alemana del siglo XIX, y que trata de un hombre creado por artes mágicas cuya presencia mantiene cierta relación con la creación de Adán y con el poder creador del ser humano en relación al Poder divino creador.[23]

Dice Scholem que el *Talmud* describe las primeras doce horas del primer día de la vida de Adán, y afirma que en la primera hora la tierra fue aglutinada y en la segunda se formó un *gólem, una masa todavía informe cuyos miembros se formaron en la tercera hora y que en la cuarta recibieron un alma. En la quinta hora se puso en pie, en la sexta dio nombre a todos los seres vivientes y en la séptima se le otorgó a Eva como compañera.*[24] En esa creación artificial reaparece el poder subyacente a las letras del alfabeto hebreo y su combinatoria expuesta en el *Sefer Ietsirá*, donde se alude al gobierno de las mismas en cada una de las partes del cuerpo humano. Esta hipótesis cabalista pudo llevar a la elucubración sobre las posibilidades mágicas que de derivarían

23 Scholem, G. *Op. cit.*, p. 176.
24 *Ibid.*, p. 176.

de una certera y poderosa combinación alfabética y capaz de elaborar una criatura viva.

A partir de finales del siglo XII, esta posibilidad se convirtió en objeto de reflexiones cuya fascinante finalidad comprendía las posibilidades creadoras del ser humano, ecos que veremos resurgir en Paracelso y en escritos judíos alemanes del siglo XVI, uno de los cuales recoge el nombre del malagueño Ibn Gabirol y su relación con un *gólem* que, en este caso, era una mujer. Se trata de una noticia que hacia 1625 nos cuenta Iosef Salomón Delmedigo, quien había oído decir que *Salomón ibn Gabirol, el famoso poeta y filósofo del siglo XI, creó una mujer que le servía. Habiéndosele denunciado ante el gobierno, sin duda acusado de brujería, Gabirol consiguió probar que aquella no era una criatura real y completa ni, por supuesto, humana, sino que estaba compuesta de piezas de madera y bisagras y la hizo retornar a sus elementos primitivos.*[25]

Esta noticia está relacionada con otras, como la de Samuel Friedrich Brenz, de 1614, que dice que los judíos poseían un encantamiento capaz de elaborar un *gólem* al que, tras susurrarle unas palabras al oído, se ponía en marcha como un ser humano. Todas estas leyendas nutrieron la imaginación de los lectores europeos, sobre todo alemanes hasta bien entrado el siglo XIX y comienzos del XX. A pesar de que no conocemos los orígenes de la noticia sobre Ibn Gabirol que acabamos de mencionar, no es desdeñable que su persona se cite, no solamente como filósofo y poeta afamado, sino como constructor de un androide. Esta atribución puede estar basada en la fama del autor malagueño como poeta y dada la poderosa influencia que la cábala tuvo en la poesía hebraica medieval y, por tanto, en la suya. En gran medida, la poesía de

25 *Ibid.*, p. 217.

Ibn Gabirol es una obra que se integra en los territorios del misticismo, procurando un acceso a los altos misterios divinos que se reflejan en el alma humana siendo la razón incapaz de argumentar este contacto.

Ibn Gabirol:
la estirpe y el comienzo

Cuando Ibn Gabirol nació en Málaga entre los años 1021 y 1022, al-Andalus se adentraba en un periodo de crisis política y social en el que las dos formaciones políticas más importantes de la Península, la cristiana y la islámica, accedían a nuevas formas de convivencia cultural, económica y religiosa. En el caso de los reinos cristianos, se iniciaban sus relaciones con los territorios europeos ultrapirenaicos a través de la reforma monástica; en el dominio musulmán, la constitución de los reinos de taifa y la llegada de los almorávides significó un profundo cambio en las estructuras políticas andalusíes. En ese tiempo, la población de al-Andalus estaba compuesta por un conjunto heterogéneo de elementos sociales en el que figuraban árabes, beréberes, muladíes (cristianos convertidos al islam), mozárabes (cristianos que vivían en territorio musulmán), eslavos y, evidentemente, judíos que con el rango de *dimmíes* conservaban la práctica de su fe viviendo en barrios separados y pagando un tributo.

La presencia de colectividades judías en la Península empezó a ser muy numerosa a mediados del siglo II, y sus miembros encontraron en el territorio una nueva forma de solidaridad que, en su momento, los llevó a considerar a Sefarad (nombre de Hispania en hebreo) su segunda patria tras la primera —y legendaria— Sión, abandonada con la Diáspora. Durante el dominio visigodo de la Península, entre los años 625 y 711, las comunidades judías experimentaron periodos que oscilaban desde la tolerancia a la persecución, algo que también sucedió durante la presencia musulmana, si bien bajo la misma predominaron los tiempos de bonanza antes de la llegada de los almohades a comienzos del siglo XII.

Posiblemente la colaboración prestada por los judíos a los ejércitos arabo-bereberes que entraron en la Península en el 711 contra las autoridades visigodas, estimuló la posterior y agradecida protección que el emirato omeya de Córdoba les brindó, inaugurando con ello una nueva etapa de sosiego y prosperidad. De esta manera, las comunidades judías pudieron disponer de localidades de población casi enteramente judía como Lucena y Granada, entre otras a las que se llamó *ciudades de los judíos*. Esta nueva relación posibilitó la formación de escuelas y normalizó e intensificó las relaciones de las mismas con las academias orientales, como demuestra la correspondencia conservada de los eruditos judíos andalusíes con los pertenecientes a la de los *gaones* de Sura y Pumbedita, a la vez que se pusieron en contacto con algunas florecientes aljamas del norte de África.[26] Tampoco podemos olvidar el auge de las actividades comerciales judías, en las que destacaba la distribución y venta de perfumes, el comercio de pieles finas y raras o sedas, e incluso el comercio de esclavos. En el siglo X, cuando se advierte la decadencia de las escuelas orientales mencionadas con la

---

26 Gonzalo Maeso, D. *Op. cit*, p. 439.

muerte de Saadía ha-Gaón, el prestigio de las comunidades andalusíes se acrecienta, gracias a tres circunstancias que David Gonzalo Maeso enumera en su obra: la llegada a Córdoba de maestros de la academia de Sura, entre ellos Moshé ben Hanok en 984, que fue capturado por corsarios musulmanes y rescatado por los judíos cordobeses; el ambiente de prosperidad general de la sociedad judía y, sobre todo, la presencia de Hasday ibn Shaprut (915-970) en la corte califal de Abd al-Rahman III.

Ibn Shaprut, nacido en Jaén, fue médico y farmacéutico en las cortes del citado califa y de su hijo y sucesor al-Hakam II, en cuyo gobierno pasó a ser inspector general de aduanas, consejero y ministro, añadiendo a estas capacidades la de hábil diplomático, gracias a la cual pudo traer a Córdoba desde Constantinopla un ejemplar griego de la *Materia Medica* de Dioscórides. Esta variedad de funciones cortesanas era una de las características de gran parte de las figuras eminentes del judaísmo andalusí que brillaron especialmente en Hasday ibn Shaprut, también eminente políglota que no sólo dominaba el árabe y el hebreo, sino que sabía escribir y hablar en latín. Esta circunstancia fue la que Abd al-Rahman III aprovechó para encargarle misiones diplomáticas con los reinos cristianos, así como para que tradujera del latín al árabe la citada obra médica, previamente traducida en Córdoba del griego al latín por el monje Nicolás.

Es importante subrayar el factor lingüístico en la sociedad andalusí del siglo XI, ya que uno de los cambios más importantes de la vida judía de este periodo fue el proceso de arabización y su influencia en la especulación filosófica algo que, por otra parte, también sucedió en otros territorios gobernados por el poder político islámico. Ello no supuso el olvido de la lengua hebrea —que se siguió usando en dominios más restringidos como en la liturgia de las sinagogas y en la poesía—, pero el árabe se convirtió en la lengua de la ciencia, la filosofía, la administración gubernamental y el comercio. Así Iehuda ha-Levi escribió poesía en hebreo o Maimónides sobre la ley judía también en esa lengua, como también escribió poesía en hebreo Ibn Gabirol. Sin embargo, cuando se trataba de filosofía, todos ellos y el resto de los pensadores judíos utilizaron el árabe como lengua de común entendimiento, y siendo la especulación teológica judía, en un principio, un ejercicio destinado a las leyes y prescripciones talmúdicas en su mayor parte y, por tanto, destinado a ser escrito en hebreo, en cuanto el mundo erudito judío entró en contacto con la teología racional islámica, como hemos visto en su lugar, los pensadores judíos adoptaron el vocabulario árabe propio del *kalám* islámico.

En este caso, la simbiosis medieval entre árabes y judíos fue el origen de algo que no era simplemente una cultura judía que se expresaba en árabe, sino que se trató de una verdadera cultura judeo-arábiga o, en algunos casos, hasta judeo-islámica.[27] Ello no implicaba la conversión o adopción del islam por parte de los judíos —aunque algunos pensadores o colaboradores con los gobiernos musulmanes lo hicieran—, sino que se trataba más bien de una asimilación de los modos de pensar y, sobre todo, de poner por escrito esos pensamientos. En realidad, los judíos y los musulmanes peninsulares, sobre todo en la etapa de los reinos de taifa, mantenían un contacto amplio donde se producían relaciones de cooperación y de amistad personal, y prueba de ello es la noticia que nos ofrece Ibn Saíd al-Andalusi cuando en su libro sobre las *Categorías de las Naciones* nos dice que las ocho naciones que habían

27 Lewis, B. *Los judíos del Islam,* Letrúmero, Madrid, 2001.

contribuido al crecimiento de la ciencia y sabiduría de la humanidad fueron los hindúes, los persas, los caldeos, los griegos, los romanos, los egipcios, los árabes y los judíos. Continúa al-Andalusí afirmando que, en una primera etapa, los judíos dieron poca importancia a la filosofía al dedicar sus esfuerzos al estudio de la Ley revelada y a la vida de los profetas, pasando posteriormente a filosofar. El conjunto de narraciones elaborado por los eruditos judíos referente a la vida de los profetas, pasó a ser una valiosa fuente de información para los estudiosos musulmanes en sus comentarios a los textos revelados, teniendo en cuenta que en el Corán se habla de los profetas judíos de forma abundante; incluso en una de sus capítulos, titulado *Los Profetas*, se ofrece todo un panorama de la actividad profética judía. En otro lugar, el autor habla de los científicos y estudiosos judíos en tierras islámicas, finalizando con referencias a sus contemporáneos en al-Andalus, entre los que cita a Ibn Gabirol de Málaga.[28]

LA INFANCIA EN MÁLAGA

El año en que nació Ibn Gabirol, *al-malaqí*, como él mismo se nombró en sus escritos, corresponde al año 4780-81 en el cómputo del calendario judío hoy en vigor, momento en que el mundo islámico ese año fue testigo de tres califatos: el omeya de Córdoba que finalizó en 1031, el abbasí de Bagdad acabado en 1258 y el *fatimí* de Egipto que duró hasta 1171, teniendo en cuenta que las bases doctrinales de los dos primeros eran de carácter *sunní*, frente al tercero que lo eran de orden *shií*. En este califato fatimí brilló una

28 Ibn Said al-Andalusí, *Kitab Tabaqat al-Umam*. Ed. francesa de R. Blachère, París, 1935, p. 155.

gran cultura filosófica que se extendió por la zona más oriental del imperio en el que vivió Avicena, cuya obra adopta un fondo neoplatónico junto a elementos aristotélicos en el marco de una cosmología propia de Ptolomeo. En al-Andalus, cuando nació Ibn Gabirol, vivía el cordobés Ibn Hazm, pensador que se vio envuelto en la guerra civil que acabó con el califato, sufriendo persecuciones, cárcel y destierro. Una de sus obras, el *Libro de los caracteres y la conducta que trata de la medicina de las almas*, puede ser simultánea a la ya citada de Ibn Gabirol, *La corrección de los caracteres*, aunque pocos elementos tienen en común como en su lugar observaremos. También, en la fecha de nacimiento de Ibn Gabirol, vivía el anteriormente mencionado pensador judío Ibn Altaras, quien introdujo en al-Andalus la tendencia caraíta, doctrina que predicó la viuda a su muerte con el propósito de extenderla hasta los reinos cristianos. Sin embargo, la reina Urraca de León encerró a todos los seguidores de esta corriente integrista en un lugar apartado y vigilado, una especie de gueto que impedía su contacto con el exterior.

Al otro lado de la frontera de al-Andalus, en el mundo cristiano peninsular y sobre todo en el occidente latino, al tiempo de la venida al mundo del autor malagueño, se estaba forjando el nacimiento de la Escolástica, una corriente teológica y filosófica en la que se dirimían cuestiones importantes tales como las relaciones entre la razón y la fe, y el problema de los universales o conceptos universales y necesarios que fundamentaban conceptos teológicos para cuyo cabal entendimiento era necesario acudir a cuestiones de orden ontológico, lógico en incluso cosmológico.

La familia de Ibn Gabirol se había establecido en Málaga cuando su padre, Yehudá, de origen cordobés, buscó acomodo en la comunidad judía malagueña huyendo de las turbulencias que agitaban Córdoba en aquellos momentos. Como es sabido, los tiempos de gloria califal iniciados por Abd al-Rahman III terminaron con la muerte de Almanzor en 1002, y la historia del califato cordobés pasó a ser una crónica de facciones que luchaban entre sí y de califas depuestos y vueltos a instalar dos o tres veces, hasta llegar al año 1031, cuando los cordobeses terminaron por expulsar a los omeyas. Sobre las ruinas políticas de al-Andalus emergieron numerosos estados menores, los reinos de taifa, cuyo poder político quedó en manos de diversos grupos étnicos: los bereberes en las regiones del sur peninsular, los eslavos en el este y el resto en manos de muladíes y baladíes; los primeros musulmanes andalusíes y los segundos, grupos de abolengo árabe y, en alguna medida, también bereberes establecidos en el territorio desde mucho tiempo atrás.

Fueron los bereberes hammudíes, así denominados por encontrarse bajo el mando de Ali ibn Hammud, quienes gobernaban Málaga cuando nació Ibn Gabirol. Estos, por algún tiempo se arrogaron las prerrogativas del califato perdido y, por razones de contigüidad racial, mantenían buenas relaciones con otros gobiernos andalusíes como los ziríes de Granada y los de Carmona, Ronda, Arcos y Jerez. Hacia 1020-21, la comunidad judía malagueña era de reducidas dimensiones y se extendía, aproximadamente, entre el espacio que hoy ocupan las calles de San Agustín y Alcazabilla con vistas al monte Gibralfaro y a la muralla de la Alcazaba, donde residía la corte. En algún rincón de las laderas del monte se encontraba un reducido cementerio judío que daba reposo a los restos de los fallecidos en la comunidad que, cuando los Reyes Católicos tomaron Málaga en 1487, contaba ya con unos cuatrocientos moradores.

No sabemos nada de la ocupación o trabajo del padre de Ibn Gabirol, aunque podría suponerse que desempeñara alguna actividad relacionada con el gobierno de la taifa malagueña, aunque fuese una relación marginal, como era costumbre entre las comunidades judías tuteladas por el mismo en calidad de tributarios o dimmíes. En general, los judíos bajo el islam no se hallaban sujetos a restricciones profesionales específicas, excepción hecha del servicio en la carrera militar si bien, como sucedió en Córdoba y ya hemos mencionado, judíos eminentes ocuparon cargos de notable influencia política y administrativa. Existe un antiguo proverbio árabe que afirma que los judíos prosperaban con el bote de los medicamentos o con la caja del dinero y, en gran medida, así fue en el caso de los andalusíes, cuyos representantes más cimeros fueron médicos o estuvieron relacionados con la recaudación de impuestos;[29] y ambos desempeños implicaban una relación especial con el poder musulmán gobernante.

No obstante, no consta que el padre de Ibn Gabirol fuera médico, administrador económico o recaudador de impuestos, por lo que cabe suponer que se habría dedicado a algunas de las actividades en las que los miembros de la comunidad judía se ganaban el sustento como cambistas, comerciantes de objetos de plata, comerciantes de pieles, cuero, maderas, especies, tenderos o panaderos además de empleados en los oficios de carga y descarga del puerto malagueño. En aquel tiempo, Málaga era un centro de distribución de mercancías importante de cuyo puerto salían barcos cargados de todo tipo de productos de la tierra, entre los que destacaban los higos que se enviaban a Siria, Egipto y la India (donde eran muy apreciados por

29 Lewis, B. *Op. cit.*, p. 107.

su excelente calidad);[30] vino dulce malagueño (que a pesar de las prohibiciones canónicas, se consumía en territorio andalusí y fuera del mismo); y moles de mármol jaspeado procedentes de Montemayor así como bloques de jacinto que también circulaban por la ruta de Antequera hacia Granada o Sevilla.

Al judío malagueño, nacido como hemos dicho, en 1021 ó 1022, le pusieron el nombre de Salomón en honor a su abuelo, del que se decía que era un hombre sabio y justo aunque, para distinguirlo, el niño era conocido como Shelomó *ha-qatán*, «el pequeño Salomón», apelativo con el que en su momento firmaría algunos de sus escritos. Del resto de la familia de Ibn Gabirol no sabemos nada, y de su primera educación poco podemos decir con certeza, aunque cabe suponer que en la misma aprendió hebreo, algo que demostró más adelante con un dominio absoluto de dicha lengua; que conoció y practicó los ritos y tradiciones de la Ley mosaica, y que a la que usaba el árabe como lengua oficial y común. En la pequeña comunidad judía en la que el pensador pasó sus primeros años, la observancia fiel de la Tradición y el cuidado de la familia, así como el cumplimiento de las festividades religiosas judías, lo protegían de las contingencias de la vida, de los peligros y enfermedades de las que en esos tiempos aún estaba libre, en un ambiente sin grandes turbulencias en el que su afición a la lectura y a la soledad empezaban a destacar.

Pocos años después, Ibn Gabirol abandonó Málaga, pero desconocemos los motivos de esta salida al igual que

---

30 Así lo refieren los geógrafos al-Idrisi en 1150 y al-Himyari. Este último alude al poeta malagueño, al-Balawi al-Malaqi, que en uno de sus versos declamaba: *¡Oh higos de Málaga, seáis saludados! Pues por vosotros vienen los navíos a esta ciudad.*

si la hizo solo o acompañado por su familia. Sobre este hecho escribió un pequeño poema, *Al salir de Málaga*, supuestamente cuando se alejaba de la ciudad. Este dato induce a pensar a algunos estudiosos de su obra que su incipiente madurez poética resultó incómoda para algunos miembros de la comunidad, y que ese fue el motivo por el que abandonó la ciudad e incluso llegó a pensar en abandonar al-Andalus. Tal vez lo más verosímil sea deducir que, aun existiendo ese vago rechazo a su escritura primeriza, el pensador malagueño abandonaría su ciudad una vez cumplida la edad en la que a los adolescentes judíos se les atribuía la responsabilidad de sus actos, esto es, a los 13 años en el caso de los niños y a los 12 en las niñas. La llegada a esa edad se conoce como el *bar mitsvà*, y *bat mitsvà*, respectivamente para unos y otras, y era tenida muy en cuenta en el seno de sus comunidades, aunque no implicase necesariamente celebración alguna como actualmente. En cualquier caso, el abandono de su ciudad natal, Málaga, conlleva el primero de los exilios en la vida de Ibn Gabirol, cuya siguiente etapa será Zaragoza.

Zaragoza: la sabia madurez

El adolescente Ibn Gabirol llegó a Zaragoza con un notable bagaje intelectual, dominando las lenguas hebrea y árabe, y con amplios conocimientos de su tradición judía y de la Sagrada Escritura. Sus aspiraciones eran altas y en la corte zaragozana encontró toda clase de facilidades para hacerlas realidad, no solamente en el terreno de la poesía sino, muy especialmente, en el filosófico, en el que pretendía encontrar una explicación cabal y completa de la naturaleza de la Realidad en toda su extensión. La meta de tal empeño no era otra que el encuentro con el sosiego del alma en posesión de la Verdad a partir de una certeza que, ante todo, debía ser racional y demostrable con la misma simplicidad que lo hace un silogismo aristotélico. Con seis siglos de anticipación, Ibn Gabirol podría haber dicho lo que el judío Spinoza escribió en su *Tratado de la reforma del entendimiento*: lo único importante en esta vida es encontrar un bien verdadero de tal forma que el alma pueda ser afectada únicamente por él, y cuyo fruto sea una bendición continua y una aspiración constante hacia la eternidad.

Si en Zaragoza el joven malagueño llegó a su plena madurez intelectual, como demuestra su obra filosófica, y la confección de un poemario deslumbrante del que dan fe sus contemporáneos y de la historia de la poesía sagrada judía, sabemos, por sus propias palabras, de sus sufrimientos y lamentaciones referidas a sus estados anímicos y condición física. Él mismo nos habla de su extrema delgadez y alude a la enfermedad que le acompañó toda su vida, cuya naturaleza exacta desconocemos que se manifestaba en pústulas sangrantes como ya apuntamos anteriormente. Desconocemos si se casó y tuvo hijos, y a este respecto nos dice que su único amor verdadero era el estudio, aunque algunos autores afirman que tuvo esposa y que se dedicó al comercio para mantener a su familia.

Los dominios del territorio zaragozano ocupaban la Marca Superior de al-Andalus, esto es, casi todo el actual Aragón, y su ubicación fronteriza con los territorios cristianos favoreció todo tipo de contactos económicos, culturales e incluso los militares, de los que da muestra la colaboración entre las tropas musulmanas y cristianas, como sucedió con las campañas del Cid —en parte contemporáneo de Ibn Gabirol—, que combatió a los condes de Barcelona y residió en la corte zaragozana durante un tiempo.[31] Algunos años después de la llegada de Ibn Gabirol a la ciudad, tendría lugar el cambio en la dinastía reinante, con el paso del gobierno tuyibí al hudí. El primero, bajo el mando de los Banu Tuyib, se iniciaría con la proclamación de independencia que hizo Mundhir ibn Yahya y acabaría con el asesinato de su nieto, Mundhir II, en 1039; tras un periodo de luchas internas, Sulayman ibn Hud se hizo con el poder en ese mismo año y dio comienzo a la dinastía hudí. Sería bajo la égida de los

---

31 Bosch Vilá, J. «El reino de taifas de Zaragoza. Algunos aspectos de la cultura árabe en el valle del Ebro», *Cuadernos de Historia Jerónimo Zurita*, X-XI, Zaragoza, 1960.

Banu Hud cuando la corte zaragozana alcanzó su mayor esplendor cultural, fomentando la ciencia y el saber en todos sus aspectos a través del mecenazgo del que disfrutaron los sabios y literatos que llegaban a su corte.

LOS JUDÍOS EN ZARAGOZA

La judería zaragozana en la que se alojó Ibn Gabirol remontaba sus orígenes a los tiempos de la Cesaraugusta romana, y en el momento de su llegada a la misma ocupaba un espacio cerrado, con calles tortuosas y estrechas, en el lugar donde hoy están la calle de San Pedro Nolasco y la plaza de San Carlos, aproximadamente. En la misma se erigía el llamado «Castillo de los judíos», que hacía las funciones de cárcel, sinagoga mayor y carnicería. Posteriormente, esa judería cerrada se amplió al otro lado del Coso, alcanzando la actual calle de San Miguel.[32]

Si bien durante el periodo de los tuyibíes los eruditos judíos se vieron favorecidos por los gobernantes, ese patronazgo se vería incrementado bajo los hudíes quienes, a semejanza de los califas cordobeses, que habían promocionado a Ibn Shaprut, acogieron a relevantes personajes judíos como Abu-l-Fadl ibn Hasday —precisamente nieto del anterior—, quien llegó a ser visir y secretario mayor de la corte de los Banu Hud. Esta política de acogida y promoción de judíos eminentes se manifestó claramente en la figura de Ioná ben Ganá, conocido en árabe como Abu-l-Walid Marwan ibn Yanah (m. 1050), nacido en Córdoba y educado y formado intelectualmente en Lucena, como dijimos, la ciudad judaica más importante de al-Andalus y su centro cultural y comercial fundamental.

32 Según datos de *Sefaradaragón.org.*

Al igual que harán Ibn Gabirol o Ibn Nagrella, Ibn Yanah peregrinó por diversas localidades andalusíes tras la caída del califato omeya y se refugió en Zaragoza en 1012. Allí se dedicó a la medicina y a componer obras gramaticales y lexicológicas, y consagró su estancia, como él mismo dejó escrito, a sus actividades científicas *gastando en aceite el doble que otros en vino.*[33] Su conducta o modo de proceder entre sus conciudadanos zaragozanos sería casi idéntica a la que desplegaría Ibn Gabirol —contemporáneo y vecino suyo— pues, aunque era apacible y benévolo con sus amigos a la vez que modesto en el trato, era duro y vehemente con sus adversarios y con quienes consideraba mediocres en cultura y escritos. Orgulloso de su ciencia era extremadamente sensible a la crítica malintencionada, a la que devolvía *golpe por golpe mostrándose vigoroso polemista, lleno de ingenio e ironía envolviéndolos en el ridículo, el desdén y hasta los improperios.*[34] Pareja actitud y temperamento del que hizo gala Ibn Gabirol cuando se despidió de Zaragoza hacia 1045, sentenciado que allí se había sentido como un extraño en medio de una bandada de avestruces.

Además de Ibn Yanah, residieron en Zaragoza literatos como Amr ibn Hasday, Moshé ibn Taqana, Leví ibn Tabbán o Moshé ibn Chicatella; matemáticos como Ahmad al-Saraqusti o filósofos como Abd al-Hakam Amr al-Kirmani, que pasa por ser el que dio a conocer en al-Andalus las llamadas *Epístolas de los Hermanos de la Pureza*, de las que se dice que Ibn Gabirol tuvo noticia, aunque consideramos que no fuera así. No olvidemos que también residió en Zaragoza el filósofo Bahya ibn Paquda, sobre cuyos datos cronológicos hay noticias dispares y de los que sólo cabe conjeturar que escribió su obra principal entre 1080 y 1090.

---

33 D. Gonzalo Maeso, *Op. cit.*, p. 464.
34 *Ibid.*, p. 464.

En ese riquísimo ambiente intelectual, en el que los sabios podían tener acceso a las obras filosóficas procedentes de Oriente (sobre todo a las de Avicena y su predecesor al-Farabi), además del contacto personal con relevantes figuras del pensamiento y de la ciencia, era habitual, como se dijo, disponer de un mecenas o protector que en el caso de Ibn Gabirol fue Yequtiel ibn Ishaq, quien llegó a ser primer ministro judío de la corte zaragozana. Tras la muerte de Yequtiel en 1038, posiblemente asesinado, el pensador malagueño siguió viviendo en Zaragoza hasta 1045, fecha en la que escribió su *Corrección de los caracteres*, tras la cual abandonó la ciudad habiendo dado a la luz su obra filosófica fundamental, *La Fuente de la Vida*.

La Fuente de la Vida

Puesto que en Ti está la Fuente de la Vida,
en Tu Luz vemos la Luz (Salmo 36,9)

Como escribe Ibn Gabirol al final de su obra, el fruto del estudio que aclara definitivamente el entendimiento, es la liberación de la muerte y la unión al origen de la vida y para ello, indica, el sabio debe apartarse primero de lo sensible, penetrar con la mente los inteligibles y abandonarse totalmente en las Manos del dador de la bondad. Este colofón evidencia el propósito de *La Fuente de la Vida* y diseña el trayecto por donde ha transcurrido toda su argumentación, realizada por medio de una cadena conceptual precisa cuyos eslabones son estudio, entendimiento, mente e inteligibles con una meta concreta: el origen de la verdadera vida. Accedemos con esta conclusión a un postulado que ya plasmó Aristóteles que está muy presente en la mente de Ibn Gabirol, como veremos, cuando hablaba de los actos de pensamiento que llevan al puro conocimiento sin intervención de los sentidos, es decir, a los inteligibles que muestran el elemento divino que hay en el entendimiento humano. Por ello, decía el Estagirita, que Dios tiene la vida *porque la actividad de la inteligencia es vida y Él es esa actividad. Su actividad esencial es su Vida, una vida mejor y eterna.*[35]

Lejos de los propósitos de ambos pensadores está el proponer una vía mística para el verdadero conocimiento, y la propuesta es, para los dos, puramente racional. Si bien en el horizonte cognoscitivo del pensador malagueño existe el fundamento de la creencia en un Creador, esta presencia está ausente del filósofo griego, pues su idea del mismo es la de una sustancia distinta y separada del mundo, pero poseedora de la forma más alta de vida, que es el pensamiento puro. Como Primer ser es la causa de todo ser y, por tanto, como primera Verdad, es la causa de toda verdad. En el caso de Ibn Gabirol, judío creyente en la Palabra creadora, la finalidad última es, a pesar de las diferencias que separan su fondo intelectual del de Aristóteles, muy similar a la de este. Así, podemos ver cómo cuando el filósofo griego habla del *Acto puro* y dice que este ejerce su causalidad sobre el mundo, no como causa eficiente, sino como causa final, y lo hace por atracción y amor, al modo en que Platón considera la función del Bien. Esa bondad suprema es a la que conduce la conducta del sabio tanto para Ibn Gabirol como para Aristóteles, que en su *Ética a Nicómaco* indica que el bien más excelso para el ser humano consiste en la vida teorética o contemplativa por medio del ejercicio de la inteligencia.

La Fuente de la Vida, escrita en árabe por Ibn Gabirol en Zaragoza, fue traducida al castellano por el médico judío converso al cristianismo Juan Hispano o Hispalense (m. 1180), y de esta traducción Domingo Gundisalvo (m. 1190) hizo su traducción al latín, a la que tituló *Fons*

---

35 W. K. C. Guthrie, *Historia de la Filosofía Griega*, VI, *Introducción a Aristóteles*, Gredos, Madrid, 1993, p. 141.

Vitae. En su original árabe el título era *Ianbu al-Hayat* y en hebreo *Meqor Hayyim*, vertida parcialmente en esta lengua por Sem Tob ibn Falaquera en el siglo XIII. Habiéndose perdido el original árabe y constando un extracto de su traducción hebrea, la versión más fiable es la latina, en la que el nombre de su autor aparece traducido como Avicebrón, y tal vez por esta circunstancia se tardó en atribuir su autoría a Ibn Gabirol. En 1847, Salomón Munk, cotejando el texto latino con el resumen en hebreo de Ibn Falaquera, consiguió establecer la verdadera identidad de su autor.[36] En lo que sigue, siempre nos basamos y citamos según la traducción del latín al castellano de la *Fons Vitae* hecha por Federico de Castro y Fernández, y publicada en Madrid en 1901, revisada y corregida por Carlos del Valle.[37]

El hecho de que el éxito del aristotelismo oscureciera el pensamiento neoplatónico, cuyo fondo se advierte en la obra, hizo que esta pasase inadvertida en los medios filosóficos judíos, a lo que se añadió su carencia de preocupaciones de orden confesional. Así parecen ignorarla tanto el erudito Samuel ibn Tibbon como el pensador Maimónides, cuya producción filosófica tiene fundamentos aristotélicos evidentes. Sin embargo, a pesar de su relación con el neoplatonismo, la *Fons Vitae* fue muy celebrada por parte de los escolásticos cristianos del siglo XIII, que conocieron muy bien a un pensador llamado

36 S. Munk, «Extraits méthodiques de la Source de la Vie de Salomon Ibn Gebirol, dit Avicebron, traduits en français sur la version hebraique de Schem Tob ibn Falaquera et acompagnés de notes critiques explicatives. Memoire sur la vie, les ècrits et la philosophie d´Ibn Gebirol», *Mélanges de Philosophie juive et arabe*, Paris, 1859.

37 Ibn Gabirol, *La Fuente de la Vida*, Riopiedra Ediciones, Barcelona, 1987. Sobre los códices, ediciones y versiones en otras lenguas, puede consultarse la Introducción de esta edición realizada por Carlos del Valle.

Avicebrón o Avencebrol, autor de dicho libro, en el que advierten un claro espíritu judaico que sedujo a muchos pensadores cristianos como en su lugar veremos.

La Fuente de la Vida o *Fons Vitae*, como indistintamente la citaremos en adelante, contiene cinco libros o tratados. En el primero de ellos, Ibn Gabirol indica lo que hay que entender por *materia* y *forma*, seguido por los capítulos en que nos habla de la forma corporal, de las sustancias simples intermedias entre el *Agente Primero* y el mundo corpóreo, la composición de materia y forma en las sustancias simples, y finalizando con el quinto, en el que reflexiona sobre la Materia y Forma universales, así como de la Voluntad divina o Palabra Creadora.

El desarrollo de la obra se expone en forma de un diálogo entre un maestro, que es Ibn Gabirol, y un discípulo, de quien no consta su nombre, de forma que ese anonimato oculta la presencia de un lector o lectora, nosotros, que con sus preguntas al maestro deja o dejamos de ser meros oyentes y nos vemos obligados a colaborar con el autor, comprender sus intenciones y sacar las consecuencias a las que nos lleva el maestro.

Numerosas son las obras filosóficas escritas en forma de diálogo, siendo el prototipo de ellas las de Platón. Sin embargo, en la tradición judía existe un preciso testimonio de la presencia de un maestro y un discípulo que da comienzo con la figura de Moisés y, posteriormente, con la de un rabino y un estudiante que vienen a ser el soporte de la literatura bíblica judía hasta los tiempos modernos.[38] En dicha relación, los rabinos eran venerados pero, con frecuencia, también los discípulos eran respetados, como podemos ver en el *Talmud*, donde la opinión de un

---

38 Oz, A. y Oz-Salzberger, F. *Los judíos y las palabras*. Siruela, Madrid, 2014.

joven inteligente prevalecía a veces sobre la de su maestro. En general, en el diálogo de la tradición judía, un buen discípulo es aquel que critica juiciosamente a su maestro, ofreciendo a veces una interpretación más fresca y juiciosa mediante la cual el discípulo empieza a discurrir por el camino de la maestría que heredará de su maestro.

Con la misma intención con la que Platón construyó sus *Diálogos* —no olvidemos que Ibn Gabirol sólo cita por su nombre a este filósofo en su libro—, ambos pensadores exigen del discípulo y de nosotros (como discípulos también) un esfuerzo intelectual nada desdeñable, convencidos como estaban de que la verdadera sabiduría se alcanza gracias a un sostenido trabajo interior. De la misma forma en que Platón manifiesta sus exigencias de comprensión[39] a sus interlocutores, sabiendo que la ciencia y las disquisiciones filosóficas no son accesibles a todo el mundo, Ibn Gabirol se esfuerza en demostrar verdades que deben ser comprendidas por quienes estén realmente interesados en ello y que, una vez conocida la Realidad, puedan actuar racionalmente en el mundo.

Sin prescindir del fondo doctrinal y filosófico específicamente judío, Ibn Gabirol acude sin prejuicios en su obra a la terminología y conceptos elaborados por el pensamiento griego y posteriormente adoptados por el *kalam*, tanto judío como islámico, al que ya nos hemos referido que, como también dijimos, tiene como referencias a Aristóteles y al neoplatonismo cuyas obras se tradujeron en Bagdad.

La tesis fundamental que propone *La Fuente de la Vida* es la que argumenta que, excepto el Creador, todas las sustancias incluidas, las que llamamos *sustancias simples* —las que no tienen cuerpo—, están compuestas de *materia* y *forma*, y

39 Koyre, A. *Introducción a la lectura de Platón*, Alianza, Madrid, 1966.

todas proceden de la Voluntad creadora, que es la Fuente de la vida. De esa *Voluntad* creadora proceden la *Materia* y la *Forma* universales y, en continua sucesión, se despliegan tras los dos principios anteriores, la *Inteligencia universal*, el *Alma universal* y el *Mundo corpóreo.*

No se puede negar el carácter neoplatónico de un universo que se despliega a partir de un Principio único, pero también es evidente el fundamento conceptual aristotélico que sustentan las ideas de materia y forma constitutivas de todo lo existente excepción hecha del Creador. Sin embargo, Ibn Gabirol no renuncia a su fondo doctrinal judío y, como indica E. Gilson, en el momento en que la cosmología del pensador malagueño se transforma en cosmogonía, es decir, cuando pasa de la descripción de la escala de los seres a la consideración de su producción o génesis, el autor se manifiesta profundamente judío, en tanto que nos remite al Principio supremo al que denomina *Voluntad.* Cuando describe el *qué* de las cosas, Ibn Gabirol puede permanecer fiel a la tradición filosófica griega y helenística, pero cuando llega a plantearse su *porqué*, la tradición bíblica se hace patente porque es el YHVH del *Génesis* quien se convierte en el único principio concebible de explicación.[40]

Desde este punto de vista, dice Gilson en su obra citada, es fácil advertir por qué tal descripción pudo seducir a tantos pensadores cristianos medievales, pues expone un mundo filosóficamente inteligible, suspendido de una Voluntad suprema análoga a la del Dios de la Escritura, es decir, diseña un universo neoplatónico que habría sido querido por Dios. A su vez, decimos nosotros, Ibn Gabirol quedó seducido cuando en la obra de Plotino y sus comentaristas —que tuvo ocasión de leer— se menciona a un

---

40 Gilson, E. *La Filosofía en la Edad Media*, Gredos, Madrid, p. 346.

Uno capaz de producir por su misma perfección todo un universo, de la misma forma que de la Unidad divina encarnada en un *fiat* creador por medio de su Voluntad proceden todos los seres, no por emanación como el Plotino, sino por creación. Sabemos que la Unidad es la cualidad o esencial o atributo fundamental de la divinidad, tanto para judíos como para musulmanes, como atestiguan tanto el *Corán* como el *Génesis*, y de ahí que la Unidad neoplatónica fuese adoptada e integrada en los esquemas cosmológicos tanto de Ibn Gabirol como de los *falásifa* musulmanes desde al-Farabi.

Existe la hipótesis consistente en que el elemento neoplatónico presente en la *Fons Vitae* procede directamente de las tituladas *Epístolas* de los Hermanos de la Pureza, traídas a al-Andalus desde Oriente por Abu-l-Hakam al-Kirmani, pensador y filósofo que estuvo al servicio de la taifa de Zaragoza desde 1046, donde falleció en 1066; sobre esto, Saíd al-Andalusí afirma que *hasta donde yo se, nadie había introducido en al-Andalus las citadas Epístolas antes que él.* Basándonos en las fechas, no parece posible que Ibn Gabirol hubiera tenido ocasión de conocer personalmente a al-Kirmani, y tampoco sabemos si tuvo ocasión de leer la obra de los Hermanos de la Pureza por él traídas, aunque es cierto que ya se conocían resúmenes de dichos libros escritos por el astrónomo Maslama al-Machriti, que murió en Córdoba en 1007.

Las mencionadas *Epístolas* fueron elaboradas en Basora por el grupo o secta de los citados Hermanos hacia el siglo X, y comprenden una enciclopedia de 51 tratados que abarcan todas las ramas del saber de aquel momento, desde matemáticas y astronomía hasta teología, física y lógica, y en su exposición aparecen elementos aristotélicos, neoplatónicos, indios y mazdeístas. El esquema explicativo de la

Realidad que nos ofrecen se basa en un proceso de emanación descendente y ascendente en el que aparecen elementos neopitagóricos, teniendo como fondo la ya mencionada *Teología de Aristóteles* que nos remite directamente a Plotino. El proceso de emanación según el cual todo procede del Uno y retorna al Uno, comienza con esa *Unidad absoluta* de la que emana directamente la *Inteligencia* que, a su vez, produce en fases sucesivas de emanación regidas por cómputos matemáticos, el *Alma universal*, el *Cuerpo universal*, la *Materia concreta* sujeta a tres dimensiones espaciales, las esferas planetarias, la fuerza sublunar natural, los elementos simples finalizando el proceso emanativo con los mixtos y los seres concretos.

Entre todo el conjunto de sistemas, terminología, conceptos y léxico filosófico que acabamos de exponer, en tanto que nos conducen a observar los precedentes filosóficos de la obra de Ibn Gabirol, destacan dos que necesitan una aclaración preliminar antes de abordar la lectura de su obra filosófica con una cierta coherencia y grado de comprensión accesible a todo tipo de lectores de la misma. Esos dos elementos, a los que nos referimos en lo que sigue, son los relativos a su teoría hilemórfica y el que tiene que ver con su grado de cercanía con el neoplatonismo.

CONCEPTOS FUNDAMENTALES

Los conceptos de *materia* y *forma* que sustentan el edificio filosófico de Ibn Gabirol quedaron claramente definidos por primera vez por Aristóteles, quien los aplicaba solamente a las sustancias físicas del mundo terrestre que, en su opinión, estaban compuestas de dos principios distintos: materia (*hyle*) y forma (*morfe*) integradas en el ser sustancial (*sinolon*). Ambos principios son análogos a los de *potencia* y *acto* en el orden físico en que se manifiesta la composición de *materia* y *forma.*

Aristóteles sustituyó el concepto presocrático de *naturaleza* por el de *materia,* concibiéndola como un sustrato eterno y universal de donde proceden los entes corpóreos una vez que recibe una *forma,* principio que a diferencia de Platón, que la entiende como trascendente y subsistente por sí misma, el Estagirita la concibe como principio inmanente a la *materia* con la que forma una unidad sin fisuras. Para él tanto la materia como la forma son realidades de las que resultan los cuatro elementos y los mixtos que resultan de la mezcla de los elementos. En razón de la potencialidad o posibilidad radical de la *materia,* esta queda dispuesta para recibir todo tipo de *formas,* siendo imposible que ambos principios puedan existir separados, y por ello *hay una materia de los cuerpos sensibles pero nunca separada y no existe nunca sin alguna de las formas con que se forman los llamados elementos.*[41]

En las analogías conceptuales que se derivan de la obra filosófica de Aristóteles podemos ver, además de las existentes entre *materia* y *forma* respecto a la *potencia* y *acto,* las de *esencia* y *existencia,* en cuyo caso la primera se comporta como *potencia* y la segunda como *acto,* es decir, como elemento determinable la primera y como elemento determinante la segunda.[42] Desde este punto de vista puede afirmarse que la *forma* da el ser a la *materia,* esto es, hace a la *materia* ser en acto, y como tal es principio

41 Aristóteles, *De generatione et corruptione,* citado por W. K. Guthrie en *Op. cit.*, p. 312.

42 A. González Álvarez, *Tratado de Metafísica: Ontología.* Gredos, Madrid, 1967.

de perfección, por lo que Aristóteles decía de ella que era algo divino y óptimo. Si la *forma* se nos ofrece como principio de perfección, la *materia* se nos muestra como principio de potencialidad y singularidad y es, por ello, el sujeto de la primera a la que proporciona el elemento que le falta para ser en acto.

La estructura hilemórfica de los entes existentes en el mundo que Ibn Gabirol extenderá a todos los entes existentes, tanto en el mundo como fuera de él con la única excepción del Ente Supremo, se construye como una estructura en la que la *forma* ejerce su función sin prescindir de la *materia* pues sin esta, aquella no podría existir y así, por ejemplo, podemos decir que por la *forma* varios entes pueden ser seres humanos y por la *materia* podemos decir de ellos que son Pedro, Elena, etc.

En el seno de la esencia, considerando a la misma como el constitutivo propio de un ente cualquiera sin el cual no podría considerarse como *este* ente en concreto, la *materia* y la *forma* indisolublemente unidas y no susceptibles de ser entendidas por separado, dan lugar precisamente a lo que debemos considerar *esencia* de algo.

Hay que tener en cuenta que la palabra *forma* tiene un primer sentido exterior que remite a la *figura* de las cosas, si bien la figura de esas cosas puede ser la expresión o indicio de una interna configuración o estructura y, en este caso, la palabra *forma* alude a una disposición ordenada y armónica de varios elementos constitutivos de un todo. La *materia* sola es el sustentáculo de la *forma* de tal manera que dondequiera que se dé una materia estructurada, se requiere un principio de estructuración y, cuando esa estructura es correlativa al conocimiento intelectual, es cuando podemos hablar de *esencia*.[43]

43 J. Bofill, *Obra filosófica*, Ariel, Barcelona, 1967, p. 113.

Podríamos extendernos más en el análisis de los conceptos que forman el hilemorfismo aristotélico que Ibn Gabirol adopta y expone de acuerdo con las finalidades que pretende argumentar en su *Fons Vitae*, hilemorfismo universal el suyo teniendo en cuenta el universal ámbito de su aplicación, aunque con lo dicho creemos que basta para centrar tanto el léxico como las argumentaciones al que se aplica. La teoría hilemórfica fue reformulada en los siglos XII y XIII por la escolástica cristiana, en la que los postulados hilemórficos de Ibn Gabirol fueron, para muchos teólogos, la fórmula más segura para distinguir radicalmente a las criaturas de su Creador.

El otro concepto fundamental que necesita también alguna aclaración, al ser asimilado o reflejarse en la obra de Ibn Gabirol, es el de la *emanación* o procesión de los seres a partir del Uno, tal como lo expuso por primera vez Plotino (m. 270 d. C.) y el neoplatonismo después. La procesión descendente de los seres que proponen contiene dos aspectos: uno *descendente* en el que los seres brotan de Uno mediante un proceso emanativo, y otro *ascendente* que es el regreso a la Unidad mediante la purificación del entendimiento.

El esquema de la realidad que propone Plotino consiste en concebir el conjunto de los seres escalonados en tres grandes niveles, empezando por el Uno, que está por encima y fuera de todos los seres siendo el principio del cual todo procede. Bajo el Uno da comienzo el mundo inteligible, presidido por la *Inteligencia* que procede del Uno y que encierra todo el mundo de las *Ideas* propias del sistema de Platón. De la *Inteligencia* emana la tercera hipóstasis, el *Alma del mundo*, de la que derivan todas las demás almas y que es el puente entre el mundo inteligible y el sensible. Este último se ubica en una región inferior y separada, constituyendo el mundo material en el que se suceden en orden descendente todos los seres compuestos de materia y forma hasta llegar a la materia que es el grado ínfimo de ser.[44]

La *materia* es, en el esquema de Plotino, el eslabón último de la cadena procesional, y se puede concebir o imaginar como la tiniebla que surge al esfumarse en sus últimos límites la luminosidad que irradia una hoguera, como leemos en la *Enneada* IV, donde su autor dice que dicha materia es indeterminación absoluta y que, por tanto, carece de toda cantidad o cualidad y lo que se puede decir de ella es que no es ni un *esto* ni un *algo*.

Como en su momento dijimos, la presencia del pensamiento de Plotino reflejado en sus *Enneadas* es uno de los elementos fundamentales que nutren el pensamiento islámico, tal como lo exponen los *falásifa* y también subyace en el pensamiento de Ibn Gabirol, contando con un precedente neoplatónico en el seno de la filosofía judía, el ya citado Ishaq o Isaac Israeli. Considerado como el primer neoplatónico en el pensamiento judío, en su obra se exponen conceptos que remontan a Plotino, aunque el autor los utiliza de forma algo distinta en la que lo hace el pensador neoplatónico y, en algunos casos, de manera algo confusa. De acuerdo con el dogma judaico, Israeli nos dice que el Creador hizo el mundo de la nada y en el tiempo por medio de su Poder y Voluntad, atributos idénticos en esencia del Creador. A partir del acto creador surge la *Inteligencia* compuesta de la unión de la materia prima y de la forma primera, que también son creaciones divinas; y ya en seguimiento de las ideas de Plotino, Israeli nos habla de las sucesivas etapas que emanan o proceden de esa *Inteligencia* en una procesión descendiente en

44 G. Fraile, *Op. cit.*, p. 727.

grado de perfección semejante a la disminución de la luz y el crecimiento simultáneo de la oscuridad al modo en que lo entiende Plotino como hemos visto.

Para Israeli, esa pérdida de luminosidad conlleva la pérdida de fuerza productiva hasta llegar a la oscuridad de la materia prima, el sustrato del que proceden los cuatro elementos, (aire, fuego, tierra y agua), que emergen de las esferas celestes. Esa primera materia, dice el autor, es la sustancia que subsiste por sí misma y el sustrato de la diversidad que se forma en su unión con la forma, la perfecta sabiduría, la radiación pura y el sumo esplendor. En cuanto a la *Inteligencia*, como primera hipóstasis, Israeli opina que la misma tiene tres aspectos: *activo*, que siempre está en acto; *potencial*, que está presto a recibir el acto de entender la realidad; y *actualizado*, cuando ya ha recibido ese acto.[45] A este respecto, en su argumentación sobre los aspectos o variantes de la *Inteligencia* que nos propone Israeli, parece claro que su fuente no procede de Plotino, sino que nos remite directamente a las ideas del filósofo árabe al-Kindi (796- 874).

Al-Kindi, dada su pertenencia al círculo de estudios bagdadí promocionado por el califa al-Mamun, tuvo la ocasión de conocer de primera mano las obras de Aristóteles que se estaban traduciendo en ese momento, y en sus escritos elabora una síntesis de los conceptos filosóficos aristotélicos con otros de procedencia neoplatónica. En lo relativo a la *Inteligencia* o *Entendimiento*, al-Kindi se refiere a cuatro *Entendimientos*: 1. el que está siempre en acto y que se ubica en la última de las esferas celestes que rige el mundo sublunar; 2. el entendimiento en potencia, propio de cada ser humano y es el entendimiento posible

45 A. Altmann, y S. M. Stern, *Isaac Israeli; a Neoplatonist Philosopher of the Early Tenth Century*, Clarendon, Oxford, 1958.

que es parte del alma individual que está en potencia para recibir los inteligibles que provienes del entendimiento en acto; 3. el entendimiento que pasa de la potencia al acto y 4. el entendimiento demostrativo que conserva la ciencia adquirida y puede transmitirla por medio de la demostración. La presencia de esta complicada teoría de los entendimientos formulada por el filósofo árabe se hace patente en la descripción que de la *Inteligencia* o *Entendimiento* nos hace Isaac Israeli, y es posible detectar su eco en la obra de Ibn Gabirol; aunque fue en el seno de la filosofía islámica donde tuvo mayor repercusión y suscitó grandes dificultades tanto expositivas como interpretativas.

Con lo dicho, a pesar de la brevedad con que ha sido formulado, creemos poseer el bagaje conceptual necesario, y tal vez suficiente, para acceder con un cierto grado de claridad a la lectura de la *Fons Vitae* de Ibn Gabirol, cuyo tejido conceptual proviene de las fuentes expuestas, tanto de la filosofía griega y helenístca como de la obra de un pensador judío como Isaac Israeli. Sobre estos precedentes, el filósofo malagueño elabora su propio sistema y construye un andamiaje filosófico coherente y sistemático.

Una lectura de La Fuente de La Vida

Dijo Platón que el pensamiento es un diálogo del alma consigo misma. Esta afirmación implica el hecho de que los conceptos no solamente son patrimonio del *logos* o función racional, sino que también pertenecen al proceso de comunicación por medio del cual se manifiestan, es decir, el lenguaje. El *logos* filosófico conlleva o exige una constante terminológica que lo nutre y lo hace susceptible de ser comunicado, adoptado o rechazado de acuerdo con las intenciones y propósitos del pensador que dialoga consigo mismo.[46]

En el caso que nos atañe encontramos un *logos* ocupado por un léxico que abarca todos los ámbitos de la experiencia, sobre la cual Platón reflexiona más de mil años antes que Ibn Gabirol y sus contemporáneos, quienes adoptan y asimilan esa constante terminológica para sus propios fines discursivos. En lo tocante al pensador malagueño, su reflexión filosófica evidencia una asimilación conceptual certera y atinada de una terminología filosófica heredada que nos llega a nosotros, a su vez, mil años después, y es

---

46 F. Lledó, *Filosofía y Lenguaje*, Ariel, Barcelona, 1970.

susceptible de que la podamos entender sin graves problemas de comprensión exceptuando el esfuerzo que nos pueda exigir su lectura.

Teniendo en cuenta la variada gama de niveles léxicos y conceptuales que contiene la *Fons Vitae*, optamos por ejercer una lectura de la misma siguiendo el orden de su exposición textual y comentando y glosando sus argumentos de la forma más clara posible. Ibn Gabirol expresa sus ideas de forma reiterada en cada capítulo de su obra con ese mismo fin de aclaración de las mismas, para que su discípulo, y nosotros como también discípulos en el diálogo, comprendamos cabalmente sus propuestas. Por ello decimos en el título del capítulo que haremos *una* lectura, suponiendo que del texto se pueden hacer varias. Así lo demuestran las que se hicieron de *La Fuente de la Vida* cuando se tradujo en el occidente cristiano por Juan Hispalense y Domingo Gundisalvo, seguida por las que hicieron los escolásticos ya en el siglo XIII; después vinieron las lecturas realizadas en el Renacimiento, sobre todo la de Giordano Bruno. A partir del siglo XIX, cuando la obra fue de nuevo reconsiderada gracias a la edición de Munk ya mencionada, surgieron nuevas lecturas e interpretaciones que nutrieron en abundancia las disquisiciones realizadas en los medios académicos sobre el contenido del libro. Estas lecturas ocasionaron a su vez una bibliografía secundaria, pero no desdeñable, en la que se exponen diatribas o controversias académicas relativas a las interpretaciones hechas sobre el pensamiento de Ibn Gabirol expuesto en su *Fons Vitae*, con lo que se generaron nuevas formas de leerla.[47]

47 Una de esas controversias es la que expone F. Brunner en su artículo titulado «Sur la Philosophie d´Ibn Gabirol. A propos d´un ouvrage récent de Jacques Schlanger, *La philosophie de Salomon Ibn Gabirol. Ètude d´un néoplatonisme*, Leiden, 1968», *Revue des Études jueves*, tomo 128, nº 4, Octubre-diciembre de 1969, pp. 317-337.

EL MÉTODO Y LA FINALIDAD

Desde el principio de su *Fons Vitae*, Ibn Gabirol deja claro que el coloquio con su discípulo se basará en preguntas de este a las que el maestro dará respuesta, y que siempre se seguirá la «regla de la demostración», las reglas de la lógica aristotélica de acuerdo con su «figura dialéctica», que no es otra que el silogismo categórico, aunque el pensador malagueño no cite el nombre del filósofo griego. Como sabemos, Aristóteles expuso su teoría del silogismo en sus *Primeros Analíticos*, donde nos enseña la estructura del mismo como un esquema demostrativo que tiene la forma de un condicional compuesto por tres proposiciones, siendo las dos primeras las premisas o el antecedente del condicional y la tercera, su conclusión. A su vez, cada proposición se compone de dos predicados y el predicado, que está en las dos premisas y no aparece en la conclusión es el término medio. Así se lo expone Ibn Gabirol a su discípulo dejando claro que se trata de una técnica y un arte tal como se entendió por parte de todos los filósofos medievales sin excepción. El filósofo de Málaga, consciente de las dificultades de aplicar las categorías lógicas a las ontológicas, es decir, a las propias del ente real, le hace notar al discípulo que, ordenando las proposiciones según la regla dialéctica del silogismo, la demostración es susceptible de hacerse *sin consideración a la ordenación de los términos de las proposiciones porque esto nos descaminaría desde el principio.*[48]

El recurso a la lógica para aclarar y demostrar principios ontológicos que realiza Ibn Gabirol ya quedó justificado por Aristóteles, cuando dijo que el lógico y el

48 Ibn Gabirol, *La Fuente de la Vida*, en su edición de Riopiedra Ediciones, Barcelona 1987 ya citada, p. 41.

metafísico estudian las mismas cuestiones, aunque de forma diferente, pero que ambos tratan del ente común. Sin embargo, la complejidad de datos que ofrece la experiencia del ente real o de los seres comunes dificulta su ordenación racional cuando se trata de explicar esa riqueza por medio del lenguaje común, y de ahí que el filósofo haga uso de un procedimiento explicativo y demostrativo que solo puede encontrar en las demostraciones lógicas. De ello tenemos un ejemplo en la *Fons Vitae* cuando el maestro intenta explicar la composición de materia y forma en los entes provistos de cantidad ofreciendo cuatro intentos, basados en el silogismo, para demostrar esa circunstancia y así dice:

> Toda forma para subsistir necesita de una materia que la sostenga. Como la cantidad es forma de la sustancia y la parte de cantidad es cantidad, preciso es también que su parte sea forma de la sustancia. Formulemos de este modo la argumentación: la menor parte de cantidad es forma y toda forma para existir necesita de una materia que la sostenga. Lo mismo de otro modo: la forma en la no-materia no es sensible; pero la menor parte de la cantidad es forma sensible; luego la menor parte de la cantidad no existe en la no-materia. Lo mismo de otro modo: si no hubiere forma subsistente en la materia, no se sentiría, pero se siente la forma de la menor parte de la cantidad, luego es subsistente en la materia.[49]

Esta argumentación silogística que, en cierto modo, puede verse como una serie de *entimemas*,[50] la hemos expuesto para mostrar las dificultades a las que hemos aludido cuando se intenta llevar a la lógica lo propio de

49 *Ibid.*, p. 84.

50 *Entimema* es un silogismo en el que se ha suprimido algunas de sus premisas o la conclusión porque se consideran evidentes o porque van implícitas en el enunciado de la proposición correspondiente.

la metafísica, aunque ambas disciplinas coincidan en un mismo fin. Consciente de las prerrogativas de cada una de ellas, cuando el discípulo pregunta al maestro si la composición de materia y forma, presente en todas las cosas, se produce en *efectividad* o *en concepto*, este le responde claramente: *no es en la efectividad sino en el concepto.*

Una vez señalado el método mediante el cual puede explicarse el complejo conjunto de elementos que constituyen la Realidad creada, es decir, una vez que la lógica se considera la herramienta más idónea para desentrañar en la mente del discípulo la ontología que el maestro le propone, puede pasarse a dilucidar el fin o la meta a la que se dirige el ser humano en este mundo. Dicho fin no es otro que *la aproximación de su alma al mundo más elevado, para que cada uno de nosotros regrese a lo que le es semejante.* Esta aseveración de profundo significado es muy similar a la que manifestó Plotino cuando, en los últimos momentos de su vida llegó a verlo Eustaquio, su médico y discípulo, y el filósofo le dijo: *A ti te estoy esperando para decirte que te esfuerces en elevar lo que de divino hay en ti para que llegues a lo que de divino hay en el universo.*

Cuando el discípulo pregunta cómo se puede lograr esta finalidad, el maestro le responde que debe llegarse por la ciencia o indagación intelectual y por la obra o modo de conducirse en el mundo:

> Porque por la ciencia y por la obra se une el alma a la vida más elevada, pues la ciencia conduce a la obra y la obra separa del alma los enemigos que la dañan y la repone en su naturaleza y su sustancia. En general, la ciencia y la obra emancipan al alma de la cautividad de la naturaleza y la liberan de sus tinieblas y oscuridad y, de este modo, el alma recobra su vida más elevada.[51]

---

51 *Ibid*, p. 43.

Esta finalidad y el proceso para llegar a ella queda argumentada por Ibn Gabirol en el recurso que hace a Aristóteles, cuando el discípulo le pregunta por el *cómo* debe entenderse la propuesta de su maestro, cuya respuesta se ubica en los principios aristotélicos de *potencia* y *acto* que tienen una importancia fundamental en el sistema filosófico del pensador griego. La *potencia,* según el mismo, implica imperfección y es una realidad intermedia entre el *ser* y el *no-ser,* con una realidad propia que sólo alcanza pleno sentido cuando llega al *acto,* es decir, cuando se actualiza y expresa la potencialidad o conjunto de posibilidades de ser que la *potencia* contiene en sí misma. Así, Ibn Gabirol dice a su discípulo que la perfección de lo que es perfecto en potencia solo llega a la perfección plena cuando se hace realidad lo que existe como posible en la potencia o posibilidad. Sabiendo que la perfección del alma es su ciencia y su imperfección es la ignorancia, el ser humano en esta vida experimenta un continuo pasar de la ignorancia a la ciencia, tal como opinaba Aristóteles, esto es, que la existencia humana es un continuo pasar de la *potencia* al *acto.* La conclusión de estas premisas, conduce al filósofo de Málaga a decir que, puesto que la perfección del alma es llegar de la *potencia* al *acto,* y que a cualquiera que es perfecto en potencia le es posible llegar a efectuarse como acto, la *causa* final será siempre hacer efectiva su perfección.

Esa perfección se cumple cuando se posee lo que Ibn Gabirol denomina *ciencia del alma,* que pasa del estado potencial al actual hasta llegar al conocimiento de la Esencia primera que sostiene y mueve al ser creado siendo así, dice el maestro, que ese conocimiento no *es imposible ni posible en todas sus partes.*[52] Es imposible, dice, conocer

52 Los textos citados y frases en cursiva que en este capítulo se exponen, pertenecen siempre a *La Fuente de la Vida* en su edición citada.

la esencia de esa Esencia primera, que es infinita, pero es posible conocerla a través *de las obras por ella producidas.*

El paso de la *potencia* al *acto* implica la función del movimiento que en Aristóteles tiene un concepto finalista o teleológico, puesto que todo lo existente se mueve de forma natural hacia un fin, que es su propia perfección, teniendo presente que para Ibn Gabirol quien todo lo mueve es la Voluntad divina que ejerce su función en lo que él denomina el *Ser universal*: todo lo que existe excepto el Creador. Ese ser se sostiene en dos principios que son la *materia universal* y la *forma universal*; *son la raíz de todo lo que lo que es y de ellas se ha engendrado.* La primera es la más simple y el fin último de toda materia y la segunda es la más simple de todas las formas y la que une a todas las formas.

Toda ciencia posible y accesible al conocimiento humano se fundamenta, a partir de estos principios, en tres ámbitos cuyo análisis es el cuerpo de la *Fons Vital:* la ciencia de la *materia* y de la *forma*, la ciencia de la *Voluntad* y la ciencia de la *Esencia primera*, porque, dice el filósofo, *no hay más que estas tres cosas*: *materia* y *forma, la Esencia primera y la Voluntad que media entre estos extremos.* O dicho de otra forma: la causa de todo es la *Esencia primera*, lo creado son la *materia* y la *forma* y el «intermedio», así denominado por el filósofo, la *Voluntad.* A petición del discípulo, el maestro le propone un ejemplo del enlace de estos tres dominios entre sí: "

> Ejemplo de *materia* y *forma* es el cuerpo humano entendiendo por ésta la ordenación de sus miembros; ejemplo de la *Voluntad* es el alma y ejemplo de la *Esencia primera*, la inteligencia.[53]

53 Ibn Gabirol, *Op cit.*, p. 47.

En cuanto al orden en el que hay que considerar, analizar y reflexionar estos tres ámbitos, Ibn Gabirol dice que *el estudio de la ciencia de la materia y de la forma precede al de la Voluntad y al de la Esencia primera, aunque en realidad es todo lo contrario.* Ese estudio debe emprenderse *después de bien sabida la ciencia de la prueba,* es decir, el instrumento argumentativo que nos ofrece la lógica, como ya hemos apuntado y, de acuerdo con la consistencia del razonamiento que la misma propone, el proceso discursivo que aborda el filósofo presenta toda clase de pruebas a su discípulo con el fin de que éste comprenda y asimile las profundidades del sistema que le propone. Por ello, en la *Fons Vitae* encontramos explicaciones que se repiten bajo formas de argumentación diferentes dando como resultado un discurso aparentemente reiterativo que, en cada repetición del mismo, se advierten nuevos horizontes explicativos complicando su lectura y su comprensión exacta. En nuestro caso, expondremos cada uno de los ámbitos de reflexión que el autor ha cifrado en tres y empezaremos por el que, en su opinión, es tanto el primero como el último.

LA PRIMERA CAUSA Y LA CREACIÓN

La Causa creadora de la Realidad es, para Ibn Gabirol, el Uno como primer Principio de todas las cosas que están contenidas en Su Ciencia y solamente podemos atisbar su naturaleza si atendemos al reflejo que nosotros podemos advertir en sus efectos. Es clara, en este caso, la presencia del Uno de Plotino para quien el Uno es el Principio supremo, la fuente de la que deriva la pluralidad de los seres por una procesión necesaria y eterna, extremo este que Ibn Gabirol modifica explicando la aparición de esa pluralidad de los seres, es decir, de todo el Universo, por medio de un Acto creador primigenio que tuvo lugar en el tiempo. Para ambos pensadores, sin embargo, el Uno es la razón de la existencia de los seres, de los que se diferencia entendiendo que el Uno es todas las cosas sin ser ninguna de ellas pues, como dijo el filósofo neoplatónico, para que el ser exista es necesario que el Uno no sea el ser sino el engendrador del ser, salvo que en la especulación de Ibn Gabirol no se trata de un «engendrador» sino de un Creador que crea un Universo en su totalidad a modo de una *unidad* inteligible. Como él mismo indica en el Libro II de su obra en el que trata de la Sustancia que sostiene la corporeidad del mundo, se trata de la primera Unidad, que es unidad por sí misma, que fue creadora de otra unidad que está bajo ella:

> Dado que esta unidad fue creada por la Primera, verdadera Unidad que no tiene principio ni fin, ni mutación ni diversidad, fue necesario que la unidad por ella creada tuviera principio y fin y que le sobreviniera la mutación y la diversidad y por ello no tiene semejanza alguna con la Unidad perfecta que la hizo.[54]

Esa Unidad originaria abarca a todas las unidades que constituyen las esencias de todas las cosas de manera que todas las formas de los géneros y todas las especies e individuos tienen su existencia en la esencia de la Unidad primera, porque todas las unidades se engendran de ella como Causa por la cal *todo lo que es, es*. Esta, dice el maestro al discípulo, es la ciencia del universo divino *que es el todo máximo en comparación al cual todo lo que hay debajo es bien poco.*

---

54 *Ibid*, p. 86.

Para completar la demostración o la descripción de esa Causa primera, Ibn Gabirol le dice a su discípulo que considere el límite de la creación y que imagine la esencia que no tiene principio ni fin, que no es otra cosa que la ciencia del Creador, y que imagine también todo lo que existe, tanto espiritual como corporal existente en ella. De esta forma, se verá que la virtud del Creador, *Excelso y Santo, está en todo lo que existe en Él.* Frente a esa Inmensidad, si el discípulo, dice el maestro, pensase en su alma situada en el más alto cielo contemplando la tierra, *pensarías que ésta, vista desde el cielo, no sería más que como un punto, cuya medida no tendría comparación con la del cielo a pesar de ser tan grande.*

El ejercicio de la imaginación para entender la esencia y naturaleza de la Primera causa, es el único instrumento del que el ser humano dispone para acceder a una comprensión de algo imposible lograr por medio de artificios demostrativos basados en argumentaciones lógicas estrictas aunque, en este caso, la demostración que recurre a la imaginación puede ser válida: *El que dijo que en la Ciencia divina no hay demostración de ningún modo, no dijo la verdad. Si quiso decir que en la Ciencia divina no se usa la demostración no divina que está compuesta según las denominaciones lógicas, dijo la verdad y no lo contradigo.*[55]

LA VOLUNTAD

Como sustento y fundamento de todo lo que existe, el Uno Creador ejerce su función por medio de la *Voluntad* cuya naturaleza escapa a toda definición y es *un gran misterio,* como dice Ibn Gabirol, que sólo puede describirse como

55 *Ibid*, p. 116.

un poder divino que produce la *materia* y la *forma*, por lo que es infinita en cuanto a su esencia y finita en lo tocante a su acción. De acuerdo con lo que de la *Voluntad* dice el filósofo, es difícil precisar si la misma se identifica con YHVH, del que no sería más que la manifestación de Él fuera de Sí mismo, o como una hipóstasis, es decir, como una sustancia espiritual emanada del Creador.[56] Este extremo no parece preocuparle demasiado a Ibn Gabirol porque, en su diálogo con el discípulo, solamente habla de sus efectos y sus funciones evitando la referencia a su naturaleza esencial y ello hace que ese «gran misterio» pueda confundirse, en algunos momentos, con el Creador mismo sobre todo, cuando en el Libro I de la *Fons Vitae*, el Maestro dice que *la Voluntad es la virtud divina que todo lo crea y todo lo mueve, luego es imposible que sin ella se haga nada.*

En este caso, al hablar de la función motora de la *Voluntad*, Ibn Gabirol parece recurrir de nuevo a Aristóteles cuando este nos habla de que todas las sustancias, tanto las celestes como las terrestres, están sujetas a un movimiento permanente que, en el caso de estas últimas, es la causa de su generación y corrupción. En este permanente cambio, subyace la presencia de los principios de *potencia* y *acto* que dan lugar al proceso de perfección del ser humano como ya hemos expuesto anteriormente.

Ese movimiento o cambio, *por el que todas las cosas están engendradas, está sujeto a la Voluntad y de ello se sigue que el reposo y el movimiento en la generación del ser humano y de los demás seres, tenga por causa la Voluntad que obliga.*[57] No olvidemos que el movimiento generador que ejerce la *Voluntad* es el resultado del paso de la *potencia*, o posibilidad de ser,

56 E. Gilson, *Op. cit.*, p. 346.
57 Ibn Gabirol, *Op. cit.*, p. 43.

al *acto*, o realización existencial de dicha posibilidad. El sustento y fundamento del *ser* de los seres se encuentra en dos principios: la *materia universal* y la *forma universal* que son *la raíz de todo y de ella se ha engendrado todo lo que es*. Como dice Ibn Gabirol, *describir la Voluntad es imposible, pero casi se describe cuando se dice que es una virtud divina que hace la materia y la forma y las enlaza, difundida desde lo sumo a lo profundo, como se difunde el alma en el cuerpo. Ella todo lo dispone y lo mueve.*[58]

Como aclaración de lo dicho, el filósofo a petición de su discípulo, dice que la *materia* y la *forma* son:

> [...] como el cuerpo, el aire y el alma, y la *Voluntad* que las liga y está infundida en ellas es como el alma en el cuerpo, como la luz en el aire, como la inteligencia en el alma, porque cuando la *Voluntad* se infunde en toda la materia de la inteligencia, se hace esta misma materia sabedora y comprendedora de las formas de todas las cosas, y cuando se infunde en toda la materia del alma, se hace esta materia viviente, móvil, que aprehende las formas, según su fuerza y según su orden desde el origen de la verdad y de la forma y cuando se infunde en la materia de la naturaleza y del cuerpo, les da movimiento, figura y forma.[59]

Por tanto, todos los seres son retenidos por la *Voluntad* y de ella dependen, porque a ella se debe el que cada una de las formas de los seres se trace en la materia y se imprima en ella con igualdad. La *Voluntad*, como el filósofo expone en su argumentación, es *como el autor que escribe, la forma lo hecho como su escritura y la materia que les sirve de sustrato es como la tabla o el pergamino*. Y, con el vehemente deseo que el Maestro evidencia para que el discípulo acabe entendiendo sus palabras, le propone otro ejemplo:

---

58 *Ibid.*, p. 261.
59 *Ibid.*, p. 261.

> Puesto que la *Voluntad* es virtud espiritual, pero mucho más excelente que la espiritual, no dudes que se infunde en la *materia* y que la comprende juntamente con la *forma*. Ejemplo además de esto lo tienes en la penetración de la virtud del sol, esto es, de la virtud de difundir la luz y de su unión con la luz del sol en el aire. Será pues la *Voluntad* como la virtud, la *forma* como la luz y el aire como la *materia*.[60]

Hay que tener en cuenta, cuando el maestro nos habla de la *Voluntad*, que esta procede del Primer origen que es, en esencia, Uno e Indivisible, unidad que permanece viva y se manifiesta en la *forma* que es *impresión de la Unidad y la Voluntad es virtud de la Unidad*, a la que se debe la coherencia y consistencia de la multiplicidad de los seres compuestos de los dos principios.

Las observaciones, ejemplos y argumentos que Ibn Gabirol nos ofrece en lo tocante a la función de la *Voluntad* como fuerza creadora que procede de la Unidad, redundan en el deseo que el discípulo manifiesta para acabar de entender lo dicho por el Maestro sobre la *ciencia de la creación* y poder saber cómo *el Creador, Alto y Santo, creó el ser compuesto de materia y forma sin las cuales nada existiría.*

Esta indagación nos conduce a considerar la *Voluntad*, en tanto que virtud divina, como Palabra creadora, como el *Verbum Dei agens omnia* o como el *fiat*, hágase, primordial del que depende la existencia de todos los seres teniendo en cuenta que ese acto creador empieza por la creación de la Luz, *Or* en hebreo como leemos en el versículo 3 del *Génesis*: *Dijo Dios: haya Luz y hubo Luz*, o *Va-iomer Elohim:iehi or va-iehi or*. La emisión de la Palabra creadora y su función queda expresada, en gran medida, en la lengua hebrea en la que la raíz *dvr* o *dbr* abarca dos significados: «decir» y

60 *Ibid.*, p. 262.

«cosa» y en el caso de la Creación podemos observar que ese «decir» divino «cosifica» y hace realidad tangible lo que se enuncia.

Ha llegado a ser un lugar común la opinión que dice que Ibn Gabirol, en su obra filosófica, parece dejar de lado toda alusión directa al Texto bíblico para centrarse exclusivamente en lo racional sin necesidad de apoyos bíblicos. Sin embargo, creemos que, muy al contrario, el filósofo manifiesta su profundo conocimiento de la Escritura revelada cuando nos habla de la *Voluntad* y su relación con la Luz haciéndola igual a la Palabra creadora o Verbo primordial:

> Porque el Verbo, por cuya mirada ha sido impuesta la forma, es Luz, pero luz inteligible, no sensible y por ello es menester que la forma por el impuesta sea también luz. Y también, porque la luz acostumbra a descubrir, penetrar la forma de la cosa y descubrirla después de su ocultación.[61]

Y como fuerza creadora, el Verbo o Palabra capaz de crear, motiva la capacidad de actuar de lo creado y su movimiento:

> La explicación del movimiento se contiene bajo la explicación del Verbo, puesto que el movimiento es una fuerza puesta por el Verbo [...]. La diferencia que hay entre el movimiento y el Verbo es que éste es la virtud infusa en las sustancias espirituales a las que les confiere la ciencia y la vida y el movimiento es la virtud infusa en las sustancias corporales que les da la fuerza de obrar y de sufrir y esto es porque el Verbo, a saber, la Voluntad, una vez que creó la *materia* y la *forma*, se ligó con ellas como se liga el alma con el cuerpo y se derramó por ellas y no se apartó de ellas, penetrando desde lo sumo a lo ínfimo.[62]

---

61 *Ibid.*, p. 253.
62 *Ibid.*, p. 259.

Y, de nuevo, ante las acuciantes preguntas del discípulo para recabar más ejemplos de la semejanza entre Voz y Creación y sus relaciones con la materia y la forma, el Maestro le dice que esta última se asemeja a la palabra hablada por el ser humano porque:

> [...] cuando el hombre habla, la forma de la palabra y el concepto se imprimen en el oído y en el entendimiento del oyente y por esta semejanza se dice que el Creador, Sublime y Santo ha hablado la Palabra y su concepto se ha impreso en la materia y la materia lo retiene, esto es, que la forma creada ha sido impresa en la materia y grabada en ella.[63]

Dicho de otro modo por el maestro cuando indica que la Voz es semejante a la *materia universal*, porque es precisamente esta materia la que sostiene todas las voces particulares en que se encuentran los tonos, los movimientos y las distancias y de esta manera se hace manifiesta la forma de la palabra oída y se divide en las formas particulares que subsisten en cada una de las materias particulares. Y, volviendo al origen de la argumentación, la semejanza de la Voz de la Creación con la palabra humana en el acto primigenio de la creación de la *materia* y la *forma*, reside en que *la locución, esto es, con la pronunciación de la palabra, cuando se habla con ella, tiene su ser la materia que sostiene la forma manifiesta de la palabra y una forma oculta, esto es, el concepto que significa y la existencia de ellos juntamente.*[64]

63 *Ibid.*, p. 268.
64 *Ibid.*, p. 268.

EL UNO Y LO MÚLTIPLE

La Creación, de acuerdo con lo que de ella habla *La Fuente de la Vida* es, en gran medida, un canto a la Unidad como su origen y fundamento, cuya presencia es constante a lo largo de todo el proceso descendente de va desde ella al más ínfimo de los seres en la secuencia descendente de los mismos. La existencia de la multiplicidad de los seres exige la existencia de la Unidad pues ésta es anterior a la pluralidad como dice Plotino en la *Enneada* VI: si existe la pluralidad, es necesario que exista antes la unidad, y en la *Enneada* V del mismo libro dice que es necesario que antes de lo múltiple exista lo uno del que se deriva lo múltiple, *porque lo Uno es el principio de todo número.*

El mundo múltiple y mutable es un llamamiento a la consideración de lo inmutable y cada cosa del mismo es mutable, susceptible de *forma* y necesita ser iluminada por la luz de los números, por la Luz que fue creada en un Principio de forma que el universo en su totalidad se constituya en símbolo y alusión al Verbo eterno creador que se manifiesta en el tiempo en que la tierra *estaba confusa y vacía,* como algo que estaba entre *forma* y nada sin ser ni una cosa ni la otra, es decir, como algo confuso. Por otra parte, como ese algo no puede formarse a si mismo, tiene que ser bañado e iluminado por la luz de los números sabiendo que el Uno es el principio de todos ellos y el que pone a cada cosa en su lugar para producir un universo armónico.

De la misma forma en que no es posible ver las cosas sin una luz que las ilumine, la inteligibilidad de los seres supone la existencia de una luz intelectual superior que la haga inteligible. Como sigue diciendo la *Enneada* VI, no es posible pensar nada sin lo uno y, por tanto, *que ese uno exista en el sentido que decimos que existe, podemos conjeturarlo de los seres que existen después de él.* El sustento de esa inteligibilidad está, en Plotino, en la *Inteligencia* que emana del Uno como primer grado del descenso del Uno a la multiplicidad y en ella confluyen la Inteligencia misma, la intelección y lo inteligible.

El esquema de Plotino que relaciona la Unidad con la Inteligencia emanada de él, lo refleja Ibn Gabirol en una densa y prolija argumentación, en la que subraya la consideración de los números como constitutivos necesarios para una comprensión acertada de la constitución del universo. La presencia de la Inteligencia se debe entender como una unidad que está bajo la Unidad primera y dado que esa segunda unidad, la Inteligencia, precede de la Primera que es infinita, debe distinguirse de ella en la finitud, es decir, en su condición de tener principio y fin y *fue preciso que fuera divisible, teniendo varios órdenes.* Sin embargo, aunque resulte en apariencia contradictorio:

> [...] la unidad que lleva a ser la materia de la Inteligencia es una, simple, no divisible ni multiplicable esencialmente y si es divisible, es accidentalmente. Luego, esta unidad es la más simple y la más *una* de las que llevan a ser las demás sustancias y esto es porque está más apegada a la primera Unidad que la hizo. Por eso la sustancia de la Inteligencia ha sido hecha comprensiva de todas las cosas por la unidad de su esencia que la llevó a ser.[65]

Si todas las unidades posibles, dice el filósofo, se engendran a partir de la primera Unidad creadora, la segunda unidad creada, la Inteligencia, debe contener como reflejo de la primera las esencias de las unidades múltiples como última razón de su existencia y por ello, las *formas* de:

---

65 *Ibid.*, p. 86.

> [...] todas las cosas tienen el ser en la *forma* de la Inteligencia, son subsistentes en ella y conjuntas con ella siendo la citada *forma* la sostenedora de ellas, porque la unidad simple de ella es por sí la que junta todas las unidades y las *formas* de todas las cosas no son más que unidades aumentadas.[66]

Hay que tener en cuenta que la *cantidad* se sustenta en la materia y por eso es divisible y multiplicable cada vez más a medida que se aleja de su principio unitario creador, y se integra en la *Naturaleza* de la que precede el mundo corpóreo propiamente dicho. Si trasladamos este razonamiento al dominio de los números, vemos que el número compuesto de unidades es divisible como la cantidad continua en la materia dando lugar a un razonamiento complejo, pero claro que en palabras de Ibn Gabirol, se especifica del siguiente modo:

> El número se resuelve en unidades y la cantidad que subsiste en la sustancia se resuelve en puntos y los puntos son unidades que se sostienen en la materia que es sustancia. El cuerpo, en su composición, es comparable al número en la suya porque para componer un número empiezas por el uno y multiplicando, por su multiplicación, se hace el dos y duplicando el dos, el cuatro, y duplicando el cuatro se hace el ocho. De la misma forma, en el cuerpo comienzas por el punto que es comparable a la unidad y si lo alargas a otro punto, por la duplicación de este que es comparable a la unidad, se hace la línea a partir de dos puntos que es comparable al número dos. Luego duplicarás la línea desde los dos puntos y de su duplicación se hace la superficie que es de cuatro puntos y que es comparable al número cuatro y de su duplicación, el cuerpo que tiene ocho puntos y es comparable al número ocho.[67]

---

66 *Ibid.*, p. 86.
67 *Ibid.*, p. 88.

La presencia del *punto* y las derivaciones geométricas que de él se producen nos llevaría a considerar los postulados de Platón, referidos a la potencia del número y sus implicaciones geométricas expuestas en su *Timeo,* en tanto que precedentes de lo expuesto por Ibn Gabirol. Por el momento, nos bastará reconocer que su alusión al *punto* como origen de un desarrollo geométrico hace referencia directa al Uno y sus cualidades y potencialidades. Como sabemos, el *punto* es la *unidad* geométrica más simple e irreductiblemente única, pues carece de dimensión, longitud y consistencia física, de la misma forma que, para Plotino, el Uno está más allá del ser y de toda determinación. Sin forma ni materia, de él no podemos decir que sea *así,* ni que sea *esto* o *aquello* y casi nos es imposible, como afirma en la *Enneada* VI, *decir de él que sea,* aunque su potencia generadora es evidente.

EL HILEMORFISMO UNIVERSAL

Como remate y final de todo el proceso discursivo que Ibn Gabirol expone en su *Fons Vitae,* debemos referirnos a lo que resume y concluye en el último libro de la misma, que da comienzo con la petición del discípulo para que el maestro vuelva a aclarar la tesis fundamental de toda la obra: en todas las cosas que son, *tanto sensibles como inteligibles, no hay más que materia universal y forma universal.* Para la exacta comprensión de este postulado, el maestro propone a su discípulo la forma en que debe acceder a ese conocimiento:

> Si la *materia* y la *forma* universales son el límite último de todas las cosas que han sido creadas y el límite de las sustancias en simplicidad y espiritualidad, entonces debes

> hacer que tu alma sea sutil, concentrar tu esencia y purificar tu imaginación lo más que puedas para que la despojes de los accidentes corporales y traspases el sentido y lo sensible, para que entiendas que la fuerza de tu inteligencia comprende todas las cosas y entonces estará a tu disposición el conocimiento de cada una de aquellas, estos es, de la *materia* y *forma* universales.[68]

Cuando el discípulo pide a su maestro, una vez más, la diferencia que hay entre *materia* y *forma*, este le responde que la primera difiere de la segunda en que aquella es la que sostiene y la *forma* es sustentada si bien cada una de ellas no se distinguen por esta diferencia en tanto que ambas forman una unidad indisoluble que solo puede ser entendida por la inteligencia.

En este caso, Ibn Gabirol parece acudir al proceso intelectivo que propuso Aristóteles cuando afirmó que la inteligencia piensa de verdad cuando comparte la naturaleza de su objeto de pensamiento, es decir, cuando se hace objeto del pensamiento por contacto de manera que el entendimiento y el objeto en el que éste piensa se convierten en lo mismo. En realidad, el proceso intelectivo que analiza el filósofo griego viene a decirnos que cuando la mente está pensando en algo se convierte en ese *algo* y, por ello, si el entendimiento humano llega a adquirir la *forma* inteligible de su objeto de pensamiento, la identificación de pensamiento y objeto llega a ser completa. Por ello, el filósofo malagueño, en seguimiento de Aristóteles, nos dice que la inteligencia funciona por la unión de su *forma* con la *forma* de lo entendido y, cuando se unen ambas *formas*, la inteligencia aprehende de forma natural la composición de *materia* y *forma* en los entes creados.

---

68 *Ibid.*, p. 217.

Otro recurso que el maestro propone al discípulo para que éste entienda lo expuesto, es imaginar la diversidad de *materia* y *forma* pensando en la semejanza que ambas tienen con el cuerpo y el alma o la unión que existe entre la luz y el aire o *como la unión del tono,* es decir, del movimiento con la voz, pues cada uno de ellos se une con su materia.

La única posibilidad de que la *materia* alcance el grado de inteligibilidad suficiente es su condición de *potencia* apta para unirse con la *forma,* dando lugar a una unidad completa y sin fisuras y es esta el principio que constituye la *esencia de casa cosa existente.* Por ello, cuando desaparece la forma, dice Ibn Gabirol, se destruye lo formado por ella, porque ella era la esencia de la cosa, a semejanza del alma que, cuando se separa del cuerpo, el cuerpo se destruye. Dado que la *forma* es la que da el ser a la *materia,* es posible pensar que la materia *no tiene ser de ningún modo* y solamente se puede hablar de ser en *acto* cuando se realiza su unión con la *forma* de manera que una vez que se ha producido la conjunción de ambos principios emerge otra naturaleza que es la compuesta por ellos, porque *no está en la naturaleza de la materia ni en la de la forma que aparezcan por sí hasta que se componen y de esta composición se hace un nuevo concepto que no estaba antes en ninguna de ellas por sí.*[69]

Una vez descubierta la cualidad de la *materia* como privación, dado que el ser de los entes proviene de la *forma* y, puesto que entre el ser y el no ser no hay medio, la *materia* podría concebirse como privación absoluta. Esta idea nos remite a la que Platón enunció cuando afirmó que toda la realidad de los seres pertenece a las *formas* o *Ideas,* aunque Aristóteles afirmará posteriormente que a la *matera* se le puede conceder un cierto

69 *Ibid.*, p. 228.

grado de realidad aunque no pueda existir por sí sola y a ello es a lo que se refiere Ibn Gabirol cuando nos dice que, aunque de la *materia* podamos decir que es privación, no debemos decir que no tenga algún ser en sí misma, fuera del que tiene cuando se une a la *forma*. Con ello se refiere el filósofo a que la *materia* tiene el ser en potencia y que por esto se dice de ella que no tiene ser en acto hasta que se une con la *forma* si bien ese ser en potencia es el que *poseía en la ciencia del Eterno, Excelso y Magno cuando no estaba unida todavía a la forma.*

De la *materia* se puede decir que tiene ser en potencia cuando no está unida a la *forma* de lo que se sigue, indica Ibn Gabirol, que la *materia primera* tenga un movimiento hacia el otro principio que es la *forma* para perfeccionarse por ella de la misma forma en que todo ser existente, por su propia naturaleza, tiende siempre o se mueve siempre hacia su propia perfección como afirmó Aristóteles. La privación de la *materia*, es decir su carácter de principio deficitario que necesita del principio formal para actualizarse y alcanzar su perfección es, según el filósofo de Málaga, semejante a la oscuridad del aire hasta que la luz incide en ella pudiendo considerarse que hasta ese momento, el aire es un ser luminoso en potencia hasta que se ilumina.

Aclarado, para el discípulo y para todos nosotros, lo que debe entenderse por *materia*, el maestro pasa a discurrir sobre la *forma* y su naturaleza y su relación con la *Inteligencia* y las inteligencias humanas. Como en su momento dijimos, de la *Voluntad creadora* proceden en primer lugar la *Materia* y la *Forma* universales de las que participan todos los seres excepto el Creador y, en segundo lugar, se manifiesta la *Inteligencia universal* también compuesta de *materia* y *forma* que *sabe todas las cosas por sí misma y por sí misma se une con toda forma y por ello conocemos que todas las formas están en su esencia.*

De esa *Inteligencia* procede el *Alma universal* y de ésta la *Naturaleza* con las formas de todas las cosas dando lugar al *Mundo corpóreo* y para argumentar este proceso, Ibn Gabirol nos remite a Platón que, como dijimos, es el único filósofo griego al que cita por su nombre en la *Fons Vitae.* A este respecto nos dice el pensador malagueño que Platón consideró que las formas se hacen en la *Inteligencia* por la mirada de la *Voluntad,* se hacen en el *Alma universal* por la mirada de la *Inteligencia universal* e igualmente se hacen en la *Naturaleza* y en la sustancia por la mirada del *Alma universal* en la *Naturaleza* y en esto, *dio la regla de cómo se hacen las formas inteligibles, esto es, pensadas e imaginadas, en el alma particular por la mirada de la inteligencia en ella.*[70]

Desconocemos las razones por las que Ibn Gabirol recurre a una interpretación particular, y algo oscura, a la teoría platónica de las Ideas que, en gran medida, son las *formas* de los seres formados a su imagen por obra del Demiurgo. Sin embargo, es algo más clara su referencia a los conceptos aristotélicos que suprimen el mundo platónico de las Ideas subsistentes no admitiendo la existencia de las *formas* de los seres corpóreos con anterioridad a la *materia,* aceptando únicamente la existencia de individuos sustanciales, particulares y concretos cuya esencia consiste en la unión de una *materia* y una *forma* particular. Lo único importante para Ibn Gabirol es que el discípulo comprenda que es la *forma* la que contiene a la *materia,* de la misma forma en que la *Inteligencia* contiene al *Alma* y esta contiene al *Cuerpo,* teniendo en cuenta que la *Voluntad* es la que contiene a la *forma* y el Creador *Excelso y Santo*

70 *Ibid.*, p. 238.

contiene la Voluntad y lo que en ella hay de materia y forma, sin comparación y sin ejemplo.

El concepto de *materia* capaz de sustentar todas las *formas* es, dice el filósofo, semejante a la sustentación de los nueve predicamentos por parte de la sustancia, como es *la relación de sustentación del color y la figura por parte de la cantidad.* En este caso, la referencia a Aristóteles y a su teoría de las *categorías* es muy clara pues, como sabemos, las *categorías* o *predicamentos* son, para él, una clasificación que hace el entendimiento de los conceptos que encuentra en su contenido de conciencia obtenidos por abstracción y que corresponden la los diversos modos en que existen los seres en la realidad que vienen a ser los mismos nueve predicados, para Aristóteles e Ibn Gabirol, que son susceptibles de aplicar a una sustancia: cantidad, cualidad, relación, lugar, tiempo, posición, estado, acción y pasión. Como, para Ibn Gabirol, lo inferior en la escala de los seres es materia para lo superior y éste es agente de lo inferior, la *Inteligencia* es el único principio que puede presidir el escalonamiento de los seres inferiores o por debajo de ella y es por este motivo por el que *los sabios nombraron a este principio como Inteligencia o Entendimiento agente.* En este caso, Ibn Gabirol tiene presente la función del *Entendimiento agente* que Aristóteles define en el libro III de su *De Anima* donde habla de la función iluminadora del mismo para con los entendimientos humanos y los capacita para que puedan formar conceptos universales y necesarios.

Cuando el discípulo pregunta al maestro por qué fueron o existieron la *materia* y la *forma,* este le vuelve a apelar a la Unidad primera y originaria, diciéndole que la *materia* y la *forma* son *dos* principios que están colocados bajo el *uno* y dan cuenta de él en su misma enumeración de forma que si lo creado fuera *uno*, no existiría diferencia entre los dos puesto que no *hay diferencia sino bajo el uno.* Después de esta respuesta, el discípulo pregunta de nuevo por qué no se encuentra nada de *materia* sin *forma*, a lo que el Maestro responde:

> Porque la *materia* no tiene *ser* sino por la *forma*, porque el ser procede de ésta y por ello la *materia* es movida a recibir la *forma*, esto es, a que salga del *dolor* de la privación al *gozo* de ser.[71]

LA ATRACCIÓN AMOROSA

La causa que impulsa a la *materia* a recibir la *forma* es *el apetito de la materia para recibir la bondad y deleite cuando recibe la forma y lo mismo se dice del movimiento de todas las sustancias porque dicho movimiento se dirige hacia el Uno y es por causa del Uno, porque todo lo que es apetece moverse para lograr alcanzar algo de la bondad del Primer ser.*[72] Todas las sustancias creadas poseen la misma aspiración radical y el logro de la misma será más fácil cuanto más cerca esté la sustancia del Primer ser y *cuanto estuviere más remota no la alcanzará sino con larguísimo tiempo y movimiento.*

En el *Eutidemo* de Platón leemos que todos los seres humanos aspiran a la felicidad como fuerza impulsora que reside en la misma naturaleza humana y esa aspiración se dirige a la posesión del Sumo Bien que en la filosofía platónica aparece identificado con el Uno, de forma que el Uno que aparece en el *Parménides* es el mismo que el Bien que se cita en la *República*, dos de los *Diálogos* de Platón. En el pensamiento de Plotino aparece

---

71 *Ibid.*, p. 252.
72 *Ibid.*, p. 255.

esa identificación del *Uno* con el *Bien* y de ahí que en su *Enneada* VI nos diga que la tendencia innata de todos los seres al *Bien* lo sea a la vez al *Uno*. Para ambos filósofos el *Bien* es el fundamento del ser y los seres lo son por la *unidad* de lo que se deduce que todos los seres aspiran al *Bien* porque aspiran al *Uno* y el *Bien* es el *Bien* porque es el *Uno*.[73]

En seguimiento de ambos pensadores, Ibn Gabirol nos dice que el movimiento de todo lo existente que se mueve no es más que hacia el *Uno* y por el *Uno*, y señal de ello es que el movimiento de todo móvil no es más que para recibir la *forma* y que esta no es más que la impresión desde el *Uno*:

> El *Uno* es la bondad o el *Bien* luego el movimiento de todas las cosas no es sino por él que es el *Uno*. Señal de ello es, además, que ninguno de los que son apetece ser muchos, sino que todos apetecen ser uno. Luego, todas las cosas apetecen la Unidad.[74]

Puesto que la *materia* se mueve a recibir la *forma* en su búsqueda del Bien que es la Unidad, es necesario que la primera sepa lo que está buscando, aunque no conozca más que por la segunda o gracias a ella. A esta aparente paradoja propuesta por el discípulo, el maestro argumenta que la *materia primera* está próxima a la Unidad y ésta influye en aquella y le induce a que adquiera la *virtud de aprehender y la hace moverse hacia ella para adquirir de ella la perfección a la que aspira*. Una vez que ha recibido la *forma* se hace *por ella sabedora y perfecta y no queda nada que no lo adquiera* y en este proceso, dice el maestro, se asemeja con

73 En la Introducción de Jesús Igal a su traducción de Porfirio, *Vida de Plotino* y Plotino, *Enneadas I-II*. Gredos, Madrid, 1982, p. 36.

74 Ibn Gabirol, *Op. cit.*, p. 255.

el aire cuando se mezcla con él *una pequeña claridad en la mañana porque cuando el sol se eleva sobre el aire, se llena de claridad y de luz y no queda nada de lo que deba adquirir del sol.* Del mismo modo, sucede con la *materia primera* que, estando próxima a la Unidad, esta debe influir para que sea deseada y apetecida. Ese deseo no es otro que lograr la perfección y, por tanto, salir del no ser al ser.

Si entendemos el deseo de la *materia* por unirse con la *forma* para alcanzar la Unidad originaria, podríamos pensar en que ese deseo es un verdadero acto de amor de la una por la otra y así lo interpretó más de doscientos años después de Ibn Gabirol un lector atento de su *Fons Vitae.* Nos referimos al filósofo y poeta judío de origen portugués León Abravanel conocido como León Hebreo (1464-1530) que en sus *Diálogos de Amor* se refiere a todas las formas de amor posible que mueven el universo de los seres creados. Todas esas modalidades remiten, como se deduce de la lectura del libro, al amor que siente la *materia prima* por todas las *formas* al modo en que lo hace el impulso amoroso de la mujer por el hombre. En este caso aparece el eco del *Cantar de los Cantares* el primero de los cuales empieza con el anhelo de la esposa para unirse con el esposo siendo ella la que lo busca y se ofrece.

La liberación de la muerte y la unión al origen de la vida, palabras que cierran *La Fuente de la Vida,* como ya dijimos, son los altos propósitos que nos propone Ibn Gabirol para su seguimiento y cuyo contenido básico hemos tratado de exponer en una de sus muchas lecturas posibles a partir de un texto que, como dice la frase final del libro elaboraron *Juan Hispano, como traductor, y lo vertió para los españoles desde el árabe con la ayuda de Domingo* [Gundisalvo].

EPÍLOGO

El sistema filosófico que Ibn Gabirol desarrolla en su *Fons Vitae* ha sido interpretado, por la mayoría de los análisis y lecturas que se han hecho de la obra, como un discurso construido sobre el esquema neoplatónico de la emanación de los seres a partir de un Principio único. Ciertamente, en la obra del filósofo malagueño se advierte claramente la impronta de Plotino, pero si atendemos a la presencia del hilemorfismo universal que preside el núcleo argumentativo fundamental del libro, observamos que la presencia de Aristóteles es más evidente todavía no solo en las formulaciones relativas a la *materia* y a la *forma*, sino también en el empleo del procedimiento silogístico propio del Estagirita, sin olvidar las referencias a las categorías o predicamentos propios de su filosofía.

También han destacado las lecturas citadas la ausencia de toda referencia a las Sagradas Escrituras de forma directa o indirecta. Sin embargo, por nuestra parte y como dijimos en páginas anteriores, creemos que el fondo bíblico está muy presente en la *Fons Vitae* empezando por la presencia de la *Unidad* creadora que atraviesa la obra de principio a fin y siguiendo con la apelación al *Verbo* creador que no es otro que el *Fiat*, «Hágase», del *Génesis* o la atracción que siente la *materia* por la *forma* como reflejo de lo expuesto en el *Cantar de los Cantares* atribuido a Salomón por poner los ejemplos más significativos.

A pesar de que la lectura de *La Fuente de la Vida* puede resultar difícil no solo por lo complejo de algunos de los razonamientos que expone sino también por la reiteración de los mismos debida al empeño del Maestro para que el discípulo entienda bien y comprenda cabalmente lo que se está diciendo, el esquema filosófico general es claro. Posiblemente, la dificultad de la lectura esté en el hecho de que algunos términos filosóficos fueron traducidos del árabe original al latín perdiéndose con ello matices y precisiones como sucede con los relativos a la *Voluntad*, la *Inteligencia* o el *Alma*. Cuando el ya citado S. Munk (m. 1867) publicó su estudio sobre la filosofía de Ibn Gabirol, hizo en el mismo un esquema que interpretaba lo expuesto por él en su *Fons Vitae*, y en España fue M. Menéndez Pelayo el primero que escribió un breve resumen de la obra y su comentario en su *Historia de las Ideas estéticas en España*, publicada entre 1883 y 1889. Con mayor o menor fortuna, en los siglos XX y el actual, una plétora de estudios han hecho también lecturas e interpretaciones más o menos certeras del libro de Ibn Gabirol, a la que añadimos la nuestra sin ánimo de ser la definitiva.

Partiendo de la constatación hipotética de que el filósofo desarrolla en su obra el esquema neoplatónico en el que, a partir del Uno, los seres proceden unos de otros por emanaciones sucesivas, la Realidad que nos ofrece Ibn Gabirol se construye en tres niveles: divino, celeste y terrestre. En el primero está el Uno creador cuya *Voluntad* o *Palabra* divina produce todos los seres y de ahí que la misma pueda considerarse como la *Fuente de la Vida* pues es como un manantial que se difunde por todo lo existente o seres compuestos de *materia* y *forma* creadas a un mismo tiempo por la *Voluntad*.

Sigue a este primer nivel, el del mundo inteligible o en el que se hallan las sustancias simples compuestas de los dos principios hilemórficos con carácter universal. En este caso, la *materia universal* se asemeja al Trono divino presente en el texto bíblico tal como leemos en la versión latina de la *Fons Vitae*: *Ideo dicitur materia quasi cathedra unius*. Tras la *Voluntad*, se manifiesta la *Inteligencia universal* compuesta también de *materia* y *forma* y de ella procede el *Alma universal* de la que procede la *Naturaleza*.

De la misma procede el *Mundo corpóreo* cuyas sustancias o entes reciben las virtudes de las sustancias simples del mundo inteligible. A medida que van descendiendo en grado de perfección, las sustancias de este *Mundo* se hacen más densas y corpóreas y por ello se distinguen unas de otras según el grado de alejamiento de la Unidad de la que remotamente proceden. Este *Mundo sensible* remite a su prototipo y modelo ejemplar que es el Mundo inteligible y en él prosigue el proceso de la emanación.[75]

La *materia* de todo el mundo de los cuerpos existe como tal gracias a la *forma* de *corporeidad*, que la hace ser en acto sustentando como *materia* potencial a esa *forma* que la actualiza. Si queremos distinguir, en ese *Mundo corpóreo*, a un cuerpo individual de otro cuerpo individual debemos tener en cuenta a una o varias *formas* por las cuales el cuerpo en cuestión queda determinado como simple mineral, como planta, animal o persona. Por ello en todo ser corporal o compuesto pueden entrar en juego varias formas, lo que en su momento se llamarán *pluralidad de formas*. Desde este punto de vista, los seres creados están como encajados unos con otros según el grado de generalidad de las *formas* que los determinan y a este respecto se pueden distinguir nueve grados, cuyo concepto nos remite a los nueve predicamentos citados en su lugar, cuyo orden se debe al grado u orden de generalidad de las *formas* mencionado.

Ese orden empieza por el de mayor extensión formal que es la Ciencia divina en la que subsisten todos los seres creados. Siguiendo el orden de la emanación, la *forma universal* reside en la *materia universal* que la ha recibido

75 G. Fraile, *Op. cit.*, p. 560.

a lo que sigue las sustancias simples que residen unas en otras, los accidentes simples en las sustancias simples, seguido de la *forma* de la *cantidad* que subsiste en la sustancia individual, la *forma* de *superficie* en los sólidos, la forma dc *línea* en las superficies y la de *punto* en la línea. Le sigue en este orden las *formas* de *color* y *figura* en las superficies acabando la secuencia en la *forma* de *lugar* como modo común de existencia de todos los cuerpos.[76]

Este complejo Mundo corpóreo tiene dos estratos: el *celeste,* de las esferas celestes hasta la esfera de la luna; y el *terrestre,* donde residen los elementos y cuyos entes están sujetos a la generación y corrupción. En este Mundo, todos los entes que pertenecen a él, tienen la *forma* genérica de corporeidad a la que se añaden, en cada caso, las *formas* específicas que son la *vegetativa, sensitiva* y *racional.*

Como dice M. Menéndez Pelayo en su interpretación del mundo propuesta por Ibn Gabirol, cuanto más desciende y se hace más corpórea la *forma,* más perceptible es por los sentidos y por ello, la *forma* de *color* es la más accesible. En este caso, la secuencia de las *formas* se ordena de acuerdo con su grado de accesibilidad que tienen los sentidos y así la figura es menos patente que el color, la corporeidad menos que la figura, la sustancia menos que la corporeidad, hasta llegar al intelecto que es más perceptible que el alma.

76 E. Gilson, *Op. cit.*, p. 346.

La Fuente de la Vida en la poesía de Ibn Gabirol

Como dijimos anteriormente el objeto de este libro no es tratar de la poesía de Ibn Gabirol, aunque algunos de sus poemas se han interpretado como versión poética del pensamiento filosófico que plasma en su *Fons Vitae.* En lo que sigue, nos referiremos a dos poemas que dan pie a interpretarlos como complemento en verso de las ideas expuestas en la misma empezando por uno al que el autor no puso título por lo que se conoce por la primera palabra del mismo: *Ahabti-ka,* «Te he amado».

Como hemos dicho en el capítulo anterior, la causa que hace que la *materia* se mueva para recibir la *forma* es el deseo que la primera experimenta para alcanzar el *Bien/Uno* y el goce que supone esa unión. Como en el *Cantar de los Cantares,* la *esposa/materia* desea recibir al *esposo/forma.* Como dice Ibn Gabirol en su *Fons Vitae,* la *materia* viene a ser como un libro abierto o como un cuadro en el que se han dibujado líneas siendo la *forma* semejante las figuras trazadas o los caracteres impresos dispuestos a otorgar la ciencia a quien los lee. Una vez que el entendimiento comprende los secretos que estos caracteres contienen, se siente arrastrado por el deseo de buscar y conocer a quien trazó las figuras y sus rasgos y ese deseo es un deseo amoroso.

Ese es el fondo que, a decir de sus comentaristas, late en el poema «Te he amado», que ha sido analizado por uno de ellos: W. Zeev Harvey.[77] Por su parte, E. Zemach[78] analizó el poema y afirmó que, en el mismo, Ibn Gabirol intentó resumir todo su sistema filosófico, si bien otro estudioso dice todo lo contrario, aunque admite que el poeta remite sus versos a la doctrina expresada en el *Sefer Ietsirá*.[79]

El texto del poema, en versión de Zeev Harvey en su artículo citado, dice así:

> Te he amado
> (una respuesta a quién le preguntó por el relámpago de la Generación)
>
> Te he amado con el amor de un ser humano por su unigénito,
> con todo su corazón, alma y fuerza.
> Y me he regocijado ante tu mente (o corazón) que busca
> entender el misterio de la acción de la Roca que la engendró.
> Esta cosa es muy profunda y lejana
> ¿Quién conoce y quién entiende su fundamento?
> Pero yo te diré algo que oí
> y tú debes contemplar su misterio.
> Sabios han dicho que el misterio del llegar a ser de Todo
> es por causa del Todo que tiene Todo en Su mano
> y Él/ello anhela hacerlo/hacerse ser en/como el ser en el fuego
> como un amante apasionado anhela a su amado.
> Quizá es esto lo que los profetas imaginaron

77 W. Zeev Harvey, «Filosofía y poesía en Ibn Gabirol», en *Anuario Filosófico*, Servicio de Publicaciones de la Universidad de Navarra, 2008, pp. 491-504.

78 E. Zemach, *El ser dentro del ser* (en hebreo), Tel Aviv, 1985.

79 Y. Liebes, en *Jerusalem Studies in Jewish Thought*, 1987, pp. 73-123.

cuando dijeron que El lo creó para Su Gloria.
Te he dado algo como respuesta y ahora tú
haz una maravilla para instaurarlo.

El relámpago de la Generación al comienzo del poema hace referencia al Primer destello de la Luz creadora que hemos leído en la *Fons Vitae*, cuando la *Voluntad divina* como Creadora es como la luz del sol cuando se difunde por el aire y la fuerza de sus rayos rodea y penetra en todo lo que empieza a existir. En el proceso que sigue a esta primera Luz, el relámpago de la Generación, las sustancias inferiores se iluminarán con la luz que emana de las superiores y todas ellas brillarán con la Luz del Primer Agente creador. A su vez, la luz que se difunde en la *materia* emana de otra luz superior y que procede de la *Voluntad* que la hará pasar de la potencia al acto gracias a la luz de la *forma.*

De acuerdo con la lectura que del poema hace Zeev Harvey, el *Todo* que aparece en el mismo se menciona tres veces: *El misterio de llegar a ser de Todo es por causa del Todo que tiene Todo en su mano,* y cada una de estas tres veces tiene su propio significado siendo el primero el universo, el segundo el Creador y el tercero, de nuevo el universo, pero desde otro punto de vista. Esa diferencia reside en que el primero *Todo* se refiere al universo actual compuesto de materia y forma y el tercero, hace referencia al universo potencial que es la *materia prima,* En cuanto al segundo *Todo,* se trataría de la *Voluntad* que es denominada *Todo* en la *Fons Vitae.*[80]

Por nuestra parte, creemos que el núcleo significativo del poema de encuentra en los dos versos que siguen a los que hacen referencia al *Todo*: *Y El/ello anhela hacerse ser* [...] *como un amante apasionado anhela a su amado.* Y en

80 W. Zeeb Harvey, *Op, cit.*, p. 497

este caso, debemos hacer una precisión terminológica relativa al título que se le ha puesto al poema, «*Ahabti-ka*», cuyo fonema /*h*/ debe leerse como *h* sonora fuerte. Lo que importa es que la terminación en /*i*/ de ese término es terminación *femenina* en árabe y el sufijo /*ka*/ «te», «a ti», es sufijo de *masculino* tanto en árabe como en hebreo. Por tanto, la traducción deberá entenderse como un ser femenino que ama a un ser masculino, *como una amante anhela a su amado*, y la relación de atracción debería entenderse, desde este punto de vista, como la que se manifiesta en el *Cantar de los Cantares*; en el caso que nos ocupa, sería la *materia* la que anhela la unión con su co-principio *formal*. Como leemos en la *Fons Vitae*:

> La *materia* particular [*hyle*], desea la *forma* particular, como la *hyle* de las hierbas y los animales, que se mueven generando para recibir *forma* de hierbas y de animales y son pacientes de una *forma* particular y esta obra en ellas.[81]

En cuanto al *Todo*, pensamos que tiene referencia a la atracción que la *forma* ejerce sobre la *materia* de forma gradual según los géneros y especies tal como cita *La Fuente de la Vida*:

> La *materia* natural, es decir, la que sostiene los nueve predicamentos, se mueve atraída hacia la *forma* de las cualidades primeras y después a recibir la *forma mineral*, luego la *vegetal*, luego la *sensible*, luego la *racional*, luego la *inteligible* hasta que se una con la *forma* de la Inteligencia *universal*.[82]

El segundo poema de Ibn Gabirol en el que podemos ver una relación más clara con su obra filosófica fundamental es el titulado *Corona Real* o, en hebreo, *Keter*

---

81 Ibn Gabirol, *Op cit.*, p. 257.
82 *Ibid.*, p. 257.

Malkut. La relación que vemos entre ambos textos reside en el hecho de que, así como en la *Fons Vitae* asistimos a un análisis cosmogónico de la *Realidad*, en el poema citado obsérvanos una descripción cosmológica de la misma a la que completa y determina. En la producción poética del autor, *Corona Real* es el compendio de sus sentimientos religiosos más profundos que en sus cuatrocientos versos, o versículos en prosa rimada, desgrana tanto la alabanza a la Unidad divina, sus atributos y su Creación, como un conjunto de elementos astronómicos y astrológicos derivados de la cosmología ptolemaica, aristotélica y alejandrina.

La incorporación de estos elementos de carácter científico en un poema religioso, sirven a Ibn Gabirol como confirmación de sus aspiraciones religiosas fundadas en la acción del Creador que, por medio de su Voluntad, desciende a través de las esferas celestes hasta llegar a todos los seres humanos y nos ofrece la versión cosmológica de esa Creación. En lo que sigue, citamos y glosamos los versos de la *Corona Real* que, a nuestro juicio mejor representan lo que consideramos como la cosmología que complementa a las tesis filosóficas expuestas en *La Fuente de la Vida* y los hacemos sobre la traducción del poema realizada por Millás Vallicrosa que divide el poema en series rítmicas numeradas del 1 al 40 que contienen un número variable de versículos.[83]

Empieza el poema con un exordio laudatorio de los atributos divinos del Creador en el que Ibn Gabirol enaltece su Unidad y la presencia de la Voluntad que aparece en su *Fons Vitae* como productora de la *materia* y la *forma*:

---

83 J. M. Millás Vallicrosa, *La Poesía Sagrada hebraico española,* Madrid, 1940.

> Tu eres sabio y de tu Sabiduría has derivado una Voluntad determinada, talmente como un obrero y artista.
> A fin de deducir la materia de la nada, talmente como dimana la luz que del ojo sale.
> Y Ella extrajo, sin pozal, de la fuente de la luz, y ha hecho toda cosa sin necesidad de instrumento y ha cortado, ha trazado, ha purificado y la esclarecido.
> Llamó a la nada y ésta hendióse; al ser y erigióse; al mundo y expandióse.
> Ajustó los cielos con palmo y su mano juntó la tienda de las esferas celestes.
> Y con lazos de poder ató las cortinas de las criaturas y su fuerza alcanza hasta el linde de la más humilde y última de ellas.[84]

A continuación, el poeta expone la creación de los cuatro elementos como primera manifestación de la Voluntad divina creadora y lo hace en una secuencia que sigue el orden creador expuesto en el *Génesis* donde el *Verbo* o *Palabra* o *Voluntad* hace surgir los elementos básicos del universo. Así leemos:

> Quién contará tu poder cuando hiciste el globo de la tierra dividido en dos: una mitad, aridez y la otra mitad aguas.
> Y circundaste sobre las aguas la esfera del aire que, girando, hace camino y en sus vueltas descansa.
> Y sobre el aire circundaste la esfera del fuego.
> Pero estos cuatro elementos tienen un solo fundamento y su origen es uno. De él ellos salen y se renuevan y de allí se separan y devienen cuatro cabezas.[85]

Los *cuatro elementos* que se mencionan en la *Fons Vitae* y que se citan en el poema nos remiten a la teoría de las cuatro raíces elaborada por Empédocles de Agrigento (m. 435 a.C.) quien en su poema *Sobre la Naturaleza* los

84 *Op. cit.*, p. 208.
85 *Ibid.*, p. 208.

considera como los elementos de los que están compuestos todas las cosas incluidas los dioses siendo cuatro de ellos los que el filósofo identifica con cada uno de los cuatro elementos: Zeus, como el fuego, Nestis como el agua, Hera como el aire y Hades o Aidoneus como la tierra. Aristóteles fue quien elaboró una teoría más consistente sobre los elementos citados y fue a ella a la que recurrieron los filósofos musulmanes y judíos medievales. Según lo que el Estagirita menciona en su *Metafísica, elemento es el primer compuesto inmanente de un ser e indivisibles en partes específicamente diferentes,* siendo las primeras sustancias corpóreas completas que resultan de la unión de la *materia* y la *forma* como también nos dice Ibn Gabirol en seguimiento de Aristóteles. En su sistema, el filósofo griego adopta los cuatro elementos de Empédocles a los que pone en correspondencia con cuatro cualidades táctiles fundamentales *humedad, sequedad, frío* y *calor.* Cuando se combinan estas cualidades con los cuatro elementos, como dice Aristóteles en su *De Generatione et Corruptione,* se producen nuevas cualidades y así el *fuego* es cálido y seco; el *aire* es cálido y húmedo; el *agua,* fría y húmeda y la *tierra* fría y seca. Esta clasificación será de importancia decisiva en el tratamiento de los temperamentos y su derivación médica y educativa como tendremos ocasión de ver más adelante.

En cuanto a las *cuatro cabezas* que Ibn Gabirol menciona al final de los versos citados, Millás Vallicrosa nos dice que el poeta se refiere con ellas a los cuatro brazos del río que salía del Edén al que regaba y luego se dividía en cuatro cauces secundarios cuyos nombres eran Pisón, Guijón, Tigris y Éufrates, como podemos leer en el *Génesis,* 2. 10.

En su obra filosófica, Ibn Gabirol no hace mención explícita de la composición del universo creado y de su estructura astronómica que sí detalla en su *Corona Real* donde habla de las esferas planetarias y de los efectos de los astros en las conductas humanas. Por ello, consideramos que este discurso astronómico y astrológico a un mismo tiempo, viene a completar el relativo al sustrato filosófico y a la cosmogonía que contiene *La Fuente de la Vida*.

A partir del versículo 60 de la *Corona Real*, da comienzo la descripción cosmológica que empieza por la esfera de la Tierra, seguida en orden ascendente por la del agua, del aire y del fuego a partir de la cual empieza el orden de los astros:

> Quién declarará tu grandeza, cuando circundaste sobre la esfera del fuego la esfera del firmamento en el cual está la Luna y ella del resplandor del Sol se beneficia y resplandece.
> Y en veintinueve días completa su órbita y alcanza el punto de su término (...) y su cuerpo es inferior respecto al de la Tierra en la proporción de una a treinta y nueve partes.
> Ella suscita de uno a otro de sus meses los cambios del mundo y sus suertes.
> Así como sus bienes y sus males con el beneplácito de su Creador [...].[86]

Tras la explicación de los eclipses lunar y solar, Ibn Gabirol describe la esfera de Mercurio que ubica sobre la de la Luna dándole al planeta una medida *que es como una parte de veintidós mil respecto de la Tierra*. Mercurio, sigue diciendo el poeta, suscita en el mundo luchas y rencillas, odios y querellas y, a su vez, *ayuda a hacer fortuna y a atesorar riqueza, bienes y dinero*. Su rasgo más importante es que es *la estrella de la inteligencia y la sabiduría*.[87]

86 *Ibid.*, p. 208.
87 Las cursivas son siempre cita del texto del poema.

La tercera esfera es la de Venus cuyo tamaño es como una *parte de treinta y siete respecto de la Tierra.* A Venus, Ibn Gabirol le atribuye la capacidad de renovar en el mundo la paz y la felicidad, el deleite y el gozo. Como plantea asociado al amor, ofrece a los humanos *regocijos de tálamos nupciales* y como protector de la agricultura, *sazona el fruto de las cosechas.*

En una cuarta esfera está el Sol que es ciento setenta veces mayor que la de la Tierra *según demostraciones de la ciencia y el cálculo.* El Sol, según el poeta, da luz a las estrellas [planetas] *superiores e inferiores,* así como a la Luna. Por encima del Sol, se instala una quinta esfera que es la de Marte que rodea su órbita en dieciocho meses y se nos presenta *como un bravo guerrero cuyo escudo poderoso está enrojecido.* De su carácter belicoso se derivan guerras, matanzas y muertes, *heridos a espada y lesionados de saeta.* Su predominio augura años de carestía, ardores de fuego, truenos y granizos y, en consecuencia, seres humanos alanceados y *batidos a espada pues sus pies corren veloces al mal y se aligeran para el derramamiento de sangre.*

Por encima de la de Marte, la sexta esfera pertenece a Júpiter que rodea su órbita en doce años siendo el planeta de la complacencia y de la amistad y suscita el temor del Creador:

> [...] la rectitud y la penitencia y toda buena cualidad.
> Multiplica los frutos y las cosechas y hace cesar las luchas, los odios, los rencores.
> Su ley es restaurar con su rectitud todo quebranto pues él juzga el mundo con justicia.[88]

La séptima esfera es la de Saturno, cuyo tamaño es noventa y una veces mayor que el de la Tierra y rodea su

88 *Op cit.*, p. 212.

órbita en treinta años. No es un planeta beneficioso pues despierta guerras, saqueos, cautiverios y hambres además de asolar los países, destruye los reinos.

Por encima de la esfera de Saturno, el filósofo describe la esfera octava que sustenta a los doce signos zodiacales con sus diferentes cualidades:

> A Aries y Tauro [como Creador] has otorgado tu poder al unirlos, así como al tercer signo, Géminis, al asociarlos como dos hermanos con su faz igual que faz humana.
> Al cuarto, Cáncer, así como a Leo, dispensaste tu esplendor igual que a su hermana Virgo, vecina de él.
> Talmente a Libra y a Escorpio, colocado a su lado. El noveno fue creado en forma de guerrero, de irresistible fuerza, tirador de arco.
> Asimismo fueron creados Capricornio y Acuario, con tu fuerza soberana.
> Y, aparte, el sigo último: y dispuso el Señor un pez grande.
> Estos son los signos excelsos, encumbrados en sus gradas, como doce príncipes según sus agrupaciones.[89]

Por encima de la esfera de los signos zodiacales, el filósofo habla de una novena esfera que define como la esfera del intelecto *a la cual no alcanza el pensamiento*, donde reside el Misterio y el Trono de la Gloria bajo cuyo esplendor fue creada el alma humana que:

> [...] la hiciste formada con las llamas del fuego del intelecto y espiraste en ella como fuego ardiente.
> La enviaste al cuerpo para ministrarlo y guardarlo, de modo que ella es como fuego dentro de él y no lo abrasa.
> Puesto que del fuego del alma él es creado y salió de la nada al ser ya que sobre él bajó Dios con fuego.[90]

89 *Ibid.,* p. 213.
90 *Ibid.,* p. 213. La última frase está basada en *Éxodo,* 19, 18.

El poema acaba con el reconocimiento de la insignificancia del ser humano y su ardiente ruego de clemencia por parte de su Creador en cuyas manos está todo su destino en esta vida y en la otra.

Es importante, tras la lectura del *Keter Malkut* que hemos realizado subrayando tan solo los aspectos cosmológicos que encierra, tener en cuenta los datos que al respecto aporta Ibn Gabirol referidos tanto a los aspectos puramente astronómicos de las esferas celeste como a las observaciones astrológicas y el influjo de los astros en los destinos humanos e incluso en la agricultura. Todo ello nos conduce a la formación e información científica que recibió el filósofo en Zaragoza donde se dieron cita, como dijimos, sabios y científicos de todo tipo.

Como antecedente más remoto de esa información astronómica, contamos con Aristóteles que en su *De Caelo* propone un sistema astronómico geocéntrico cuyo lugar «natural» central lo ocupa la Tierra. Alrededor de ella giran varias esferas concéntricas compuestas de una materia sutil, el *éter* o quinto elemento, y de formas o almas vivientes cuya perfección aumenta a medida que se alejan de la Tierra central. El cielo, para el Estagirita, contiene siete esferas y, envolviendo a todas las esferas, se halla la del Primer Cielo donde se hallan las estrellas. Claudio Ptolomeo (m. hacia 170 d. C.), recoge el sistema aristotélico y lo modifica a base de observación y cálculo y así lo expone en su *Almagesto* que fue traducido al árabe.

En Zaragoza, donde brillaba especialmente una escuela de matemáticos árabes, se produjo una relación y un estrecho contacto entre ellos y la escuela astronómica de Maslama al-Machriti (m. 1007) dando lugar a la obra de Abd Allah al-Saraqusti (m. 1058), contemporáneo por tanto de Ibn Gabirol, que en la ciudad del Ebro escribió sus libros más importantes, y Said en su *Tabaqat* ya mencionadas, alude a la importancia de los científicos judíos en Zaragoza que sobresalieron en sus estudios sobre el calendario judío. En todos los casos, el precedente de todos los astrónomos andalusíes fue el astrónomo más importante de todo el período califal, el citado Maslama «el Madrileño» ya mencionado que, además fue un astrólogo famoso que estudió la conjunción de Saturno y Júpiter que ocurrió en 1006-1007.[91]

Eminente astrónomo y astrólogo judío andalusí, posterior a Ibn Gabirol, fue Abraham den Meir ibn Ezra de Tudela (1092-1167) que adoptó el sistema de Ptolomeo y su ordenación de las siete esferas planetarias que es el mismo que nos ofrece, como hemos leído, el filósofo malagueño. Además, de forma similar a Ibn Gabirol, Ibn Ezra habla en su libro *Principio de la Sabiduría*, de la clasificación de los signos astrológicos y sus relaciones con los cuatro elementos y su grado de sequedad, calor, frío y humedad de modo similar al que lo hace el pensador malagueño.

Situado en el más bajo de los escalones de la Creación, en la última de las esferas y, a la vez, el centro de todas lasa demás, el ser humano anhela, por su misma naturaleza, el regreso a la Unidad y ese deseo parte del alma. Desde el punto de vista de su fe religiosa y en consonancia con las ideas de Plotino, Ibn Gabirol manifiesta que la esencia del ser humano es su alma que es su principio de unidad por el que se asemeja al Uno. Como dice el filósofo neoplatónico en sus *Enneadas* I y IV, el ser humano es el alma y todo lo demás es yuxtapuesto y accidental y en la *Corona Real*, el filósofo malagueño dice, dirigiéndose al Creador:

91 J. Samsó, *Las ciencias de los antiguos en al-Andalus*. Ed. Mapfre, Madrid, 1992.

> Otorgaste al alma la facultad de conocimiento que le es inherente
> de modo que la ciencia es la fuente de su gloria [...]. Por ello, el alma sabia no verá la muerte. [...] Concediste el alma al cuerpo para vivificarlo, para mostrarle y enseñarle la senda de la vida y para librarle de su mal.[...] Dame nueva vida.[92]

Es evidente, en esos versos, que la función intelectiva del alma es capital para lograr el ascenso a la Unidad por medio del conocimiento y, a este respecto, a las citadas rimas de Ibn Gabirol se podrían aplicar la idea de Plotino sobre la inteligencia humana que, como dice en su *Enneada* V, *es nuestra sin ser nuestra. En nuestra cuando nosotros usamos de ella.* Solamente es preciso un método y un esfuerzo de purificación que tenga en cuenta los caracteres de una ética.

92 J. M. Millás Vallicrosa, *Op. cit.*, p. 222.

Una ética para la eternidad

Como filosofía moral, la ética es la coronación de todo sistema filosófico que, junto a la política, otorgan al mismo la cualidad de sistema completo, siendo la primera una propuesta de orden práctico derivado de los principios establecidos en la parte teórica del sistema filosófico en cuestión. Así lo entendió Aristóteles cuando estableció una exacta correlación entre *ser* y *bien* y, desde este punto de vista, el objeto de la ética será investigar y analizar la naturaleza humana y sus actos para encaminarlos a la consecución del Bien supremo sabiendo que para llegar a él es preciso un notable esfuerzo por parte del alma humana que es el centro de todo el proceso descendente y ascendente como expuso Ibn Gabirol en su *Fons Vitae.*

El esfuerzo necesario para llegar a esa bondad suprema, tanto para Ibn Gabirol como para Plotino, implica un método tanto intelectual como volitivo que precisa de una purificación esencial pues, como dice el filósofo malagueño, es preciso que el ser humano se eleve por la fuerza de la meditación a una altura en el que quede totalmente desprendido de los lazos corporales hasta llegar a identificarse con las sustancias espirituales para conseguir la felicidad suprema.

Este proceso ascendente es semejante a una tarea matemática pues implica la sustracción o supresión decidida de las diferencias materiales e intelectivas hasta volver al Uno que es el principio que reside en la humanidad a la que solo basta el deseo de conseguirlo y poner los medios necesarios para lograrlo como leemos en la *Enneda* VI y como Ibn Gabirol expresa al comienzo de *La Fuente de la Vida* cuando se refiere a la causa final de la generación del ser humano diciendo que la misma es la aproximación de su alma al mundo más elevado para que cada uno retorne a lo que le es semejante.

En términos netamente neoplatónicos, Ibn Gabirol se refiere al modo en que se puede llegar a esta meta siendo el mismo de carácter intelectual y volitivo, es decir, según sus palabras:

> Por la ciencia y por la obra, porque por la ciencia y por la obra se une el alma a la vida más elevada puesto que la ciencia conduce a la obra y la obra separa del alma los enemigos que la dañan y la repone en su naturaleza y en su sustancia. En general, la ciencia y la obra emancipan al alma de la cautividad de la naturaleza y la liberan de sus tinieblas y oscuridad y de este modo, el alma recobra su vida más elevada.[93]

Sin embargo, el filósofo que sigue a Plotino no olvida que el proceso de purificación propuesto tiene como fundamento lo que Aristóteles explica como un movimiento que posibilita hacer efectivo lo posible, es decir, el paso de la potencia al acto. Si en todo ser late el deseo potencial de llegar a su propia perfección, el alma

93 Ibn Gabirol, *La Fuente de la Vida*, p. 43.

humana es el depositario por excelencia de dicho anhelo, deseo ardiente que Plotino expresa con el término griego *éros*, al que lo falta el esfuerzo por actualizarlo. Como dice el filósofo neoplatónico, en palabras que comparte Ibn Gabirol, ese paso de la potencia al acto se logra suprimiendo todo aquello que impide al alma salir de la cárcel de su cuerpo.

Este es el horizonte ético desde el que Ibn Gabirol contempla la perfección humana que aspira al Bien y que precisa de un ejercicio previo de purificación que se realiza en el cuerpo a fin de que el alma se libere de su influencia en gran medida nefasta.

Con este propósito, Ibn Gabirol escribió, en 1045 y estando todavía en Zaragoza, un libro en árabe con el título de *Kitab islah al-ajlaj*, pero que cita en lengua hebrea pasajes bíblicos y términos de jurisprudencia judía. Posteriormente, Iehuda ibn Tibbon, (m. 1120) médico judío granadino, lo tradujo al hebreo con el título de *Sefer tiqqún ha-middot*. En 1901, Stephen S. Wise hizo su edición en inglés con el título *Improvement of the Moral Qualities* a partir del manuscrito de la obra que está en la Biblioteca Bodleiana de Oxford, En 1990, J. Lomba Fuentes realizó la traducción castellana del mismo con el título de *Corrección de los caracteres* y en la misma nos basamos para citar los pasajes necesarios en adelante.[94]

En nuestro caso, creemos poder corregir el término *Corrección* y emplear el de *Reforma* puesto que, atendiendo al título original árabe, la palabra *islah* significa *reforma*, pero no en el sentido en el que podemos entender una reforma que implique una instauración de algo nuevo en un molde viejo, como por ejemplo cuando hablamos

94 Ibn Gabirol, *La correción de los caracteres*. Introducción, traducción y notas de Joaquín Lomba Fuentes, Zaragoza, 1990.

de reformar un edificio o el carácter de una persona. En el caso del término árabe *islah*, se trata de arreglar algo que estaba desarreglado y que debe volverse a poner en funcionamiento tal como estaba en origen, como cuando arreglamos un reloj o un automóvil. Es en este sentido en el que, en el siglo XIX, surge el movimiento reformista islámico que, presidido por la palabra *islah*, pretendía *reformar* a la sociedad islámica volviéndola a su estado originario de tiempos del Profeta.

También es preciso, a nuestro juicio, afinar la traducción de *caracteres* correspondiente al término árabe de *ajlaq* que aparece en el título del libro de Ibn Gabirol. La raíz árabe de donde proviene ese término es */j/l/q/* cuyo significado es el de *crear, forjar, pulir* o *componer* y de ella deriva la palabra *julq*, en plural *ajlaq* que significa *carácter* en el sentido de *disposición natural* así como también *moral* o *moralidad*. A la vista de estas observaciones semánticas, entendemos que lo que el título de *Isláh al-ajláq* que Ibn Gabirol pone a su libro, *Kitab*, es una *reforma de las disposiciones naturales humanas* pues la intención del autor es reformar los aspectos perniciosos de la conducta que pervierten la auténtica naturaleza humana que salió de las manos del Creador bajo la más perfecta de las formas y restituirla a su estado originario y primordial. Como nos dice al comienzo de su libro, el ser humano fue creado como el *más proporcionado de todos los animales en cuanto a temperamento y además de ello, con la forma más precisa y bella pues está dotado de un alma racional, sabia, inmortal e incorruptible.*[95] En cualquier caso, para evitar confusiones, nos referimos a la obra de Ibn Gabirol con el título de *Corrección de los caracteres.*

---

95 *Op. cit.*, p. 60.

El objetivo es, por tanto, reformar la índole de los seres humanos para restituirla a su origen en el que, como *la más excelsa de las criaturas, comparte el estado de los ángeles en el hecho de hablar y de pensar,* a fin de que consiga lo que está sobre él, es decir, su *felicidad eterna a la que aspira, en el mundo del Intelecto, es decir, en la otra vida.*

En páginas anteriores hemos mencionado que Ibn Hazm, contemporáneo de Ibn Gabirol, escribió el *Libro de la corrección de los caracteres y la conducta* que, escrito en árabe también deducimos que la *corrección* es *reforma* como hemos argumentado. No podemos afirmar ni negar que el filósofo judío tuviera conocimiento de la obra del pensador musulmán cordobés que, en cualquier caso, no tiene parecido alguno con la suya, aunque algunos estudiosos afirman que hay similitudes de fondo entre ambos libros.

El filósofo cordobés rechazó como erróneas las opiniones de Galeno, quien afirmaba que el alma es temperamento del cuerpo, así como las de los filósofos griegos, que la consideraban como una sustancia separada, invisible y activa. En su lugar, propone un concepto de corporeidad del alma de forma que los seres humanos se distinguen unos de otros por sus accidentes y éstos reclaman sujetos diferentes que son sus almas. Todo ser que cae bajo un género, dice Ibn Hazm, es una especie de ese género y consta, por tanto, de un sujeto que es su género y de un predicado que es su forma propia. Luego, el alma se compone de sujeto y predicado, pero como subsiste en sí misma, es necesariamente cuerpo.[96] Posiblemente sea en esta opinión en la que se ha querido ver la similitud de fondo que tiene el libro de Ibn Hazm con el de Ibn Gabirol, en tanto que este afirma, en su *Corrección de los*

96 M. Asín Palacios, *Abenhazam de Córdoba y su historia crítica de las ideas religiosas.* Madrid, 1927-1932.

caracteres, que es preciso considerar las cualidades que vienen de los sentidos corporales a fin de gobernarlos adecuadamente, así como en la raíz de la creación del ser humano a partir de los cuatro elementos naturales.

También se ha puesto de relieve la similitud de propósitos entre la obra del filósofo malagueño y la del filósofo judío Baruj Spinoza, ya mencionado, que publicó su *Ética demostrada según el orden geométrico*, exponiendo en la misma una clasificación de las afecciones del alma y de sus pasiones considerando el cuerpo y el alma humanas como expresión de los modos de extensión y pensamiento respectivamente. En este caso, la similitud de intenciones de ambos filósofos reside en el fin que se proponen que es el logro de la beatitud por medios racionales teniendo en cuenta que es muy posible que el pensador holandés leyese la obra de Ibn Gabirol o, al menos, tuviese conocimiento de ella y de sus propuestas. Más adelante nos referiremos brevemente a esta circunstancia.

EL PUNTO DE PARTIDA: EL ORIGEN DE LA NATURALEZA HUMANA

El libro de Ibn Gabirol da comienzo con la consideración excelsa de la naturaleza humana creada como poseedora de cualidades divinas y espirituales, citando como prueba de ello diversos pasajes bíblicos que, a lo largo de toda la obra, rubrican y confirman las afirmaciones del autor, a diferencia de su *Fons Vitae*, en la que no hay referencias a la Sagrada Escritura en casi ninguno de sus pasajes. También es, en cierto modo, muy curioso que, a continuación de esa introducción laudatoria el autor aluda a la influencia de los astros en la conducta de los seres humanos cuyas almas aspiran a que los demás les honren o *porque le ayudan los cuerpos celestes* de forma que, cuando no logran lo que persiguen en el momento *en que los astros no les son propicios*, entonces los sabios dedican todos sus esfuerzos a conseguir la meta de excelencia a que estaban destinados para ser *como dijo uno de los sabios*:

> [...] ayudad a las cosas de los astros con vuestras propias almas como ayuda al sembrado el cultivo y el riego para que crezcan, lo cual es algo natural que se hace por medio de la tierra.[97]

Decimos que es curiosa esa alusión a la influencia astral en las conductas humanas en boca de un pensador en el que brilla su índole racional a diferencia del citado Ibn Hazm que, en su obra mencionada, consideraba útil el estudio de la astronomía y desechaba la astrología que, a su juicio carece de todo fundamento. Sin embargo, hemos leído en el capítulo anterior cómo Ibn Gabirol, al hablar de las esferas planetarias, se refiere a la influencia de sus correspondientes planetas en las vidas humanas y en los cultivos agrícolas. Por otra parte, además de tener en cuenta que en su tiempo la astronomía y la astrología tenían límites poco definidos entre ambas disciplinas, en la Sagrada Escritura hay numerosas citas de la fenomenología astronómica que se convierte en astrológica en lo tocante a fenómenos astrales o planetarios que inciden en diversos acontecimientos humanos como, por poner un ejemplo, los fenómenos solares citados en *Isaías* 13, 10 o en 60, 12.

Una vez sentado el principio y el objetivo final de la recta conducta humana, es decir, la beatitud en el *mundo*

---

97 Ibn Gabirol, *Op. cit*,. p. 60. Como dijimos en notas anteriores, las citas se referirán siempre a las palabras o frases de este libro.

del Intelecto, Ibn Gabirol nos dice que el Creador creó al ser humano de acuerdo con los cuatro elementos naturales y, así:

> [...] puso en él la sangre, correspondiente al aire, la bilis amarilla, al fuego; la bilis negra, de acuerdo con la tierra y la flema correspondiendo al agua. Luego, lo hizo YHVH, ensalzado sea, es decir, al ser humano, con una forma perfecta y completa en los órganos, no faltándole nada y le creó cinco sentidos.[98]

A la vista de las citas que Ibn Gabirol hace de los cuatro elementos y los humores que se le asocian, podemos referirnos a la fuente de información que el filósofo dispuso para exponer su argumentación suponiendo, con casi toda seguridad, que esa información la obtuvo gracias a su trato con los astrónomos y astrólogos que residían en su momento en Zaragoza que disponían de los textos griegos astronómicos, astrológicos y médicos traducidos al árabe.

Como hemos dicho en su lugar, Empédocles fue quien consolidó la teoría de los cuatro elementos y su relación con la salud corporal que, según el pensador de Agrigento, depende de la armonía del aire, fuego, agua y tierra en la sangre, líquido vital éste que Empédocles considera sagrada y que, en consecuencia, prohíbe beber.

Poco después de Empédocles, fue Hipócrates (m. c. 370 a. C.), el considerado «padre de la Medicina», quien extendió la teoría de los cuatro elementos al terreno médico y propuso una clasificación de cuatro temperamentos en relación a los cuatro elementos y a los cuatro humores palabra ésta que, en griego y en singular, es *jimós* que significa «jugo». Así, nos proporciona la clasificación siguiente

98 *Ibid.*, p. 62.

semejante a la propuesta por Ibn Gabirol: el elemento *tierra* se relaciona con la *frialdad*, con el humor *bilis negra* y con el temperamento *melancólico*. El elemento *aire*, lo hace con la *sequedad*, la *sangre* y el temperamento *sanguíneo*. El elemento *fuego*, se relaciona con el *calor*, la *bilis amarilla* y el temperamento *colérico* y el elemento *agua*, tiene relación con la *humedad*, la *flema* y el temperamento *flemático*. Parte de esta teoría la recogerá y adaptará Aristóteles y, finalmente, Galeno (m. 216 d. C.), recibirá toda esa herencia e incorporará los conocimientos médicos a los propiamente filosóficos que pasaron a ser parte de la formación de los médicos musulmanes empezando por Zakaria al-Razi (m. 925) seguido de Avicena, ambos de procedencia persa. Avicena que además de filósofo fue médico eminente escribió un tratado enciclopédico, el *Kitáb al-Chifá* o *Libro de la Curación* que comprende no solamente procedimientos médicos, sino también amplias exposiciones lógicas, psicológicas, físicas y astronómicas. A esta suma de conocimientos médicos de procedencia musulmana hay que sumar la del cirujano cordobés Abu-l-Qasim al-Zahrawi, conocido en Occidente como Abulcasis (m. 1013), de cuya sabiduría participaron médicos residentes en Zaragoza en tiempos de Ibn Gabirol. Este es el caso de Marwan ibn Chanah (m. 1040), nacido en Córdoba pero que huyó a Zaragoza a causa de la peste que asoló la capital en 1013 quejándose, como haría en su momento Ibn Gabirol, de la *ignorancia y estupidez de la gente que vive en medio de los árabes*.[99] Contemporáneo suyo fue, también en Zaragoza, Menahem ibn al-Fawal que, además de médico estaba muy versado en conocimientos lógicos y filosóficos de los cuales también hubo de tener conocimiento Ibn Gabirol.

---

99 H. Derembourg, *Opuscules et traités d'Abul Said Merwan Ibn Djanah de Cordoue*. París, 1880.

En su *Corrección de los caracteres*, el filósofo malagueño cita un pasaje del *Eclesiatés*, 9, 11, para indicarnos, junto con otro fragmento del *Exodo*, 32, 17, que en ellos están simbolizados los cinco sentidos corporales, empezando por el del *olfato*, que es el que produce el calor necesario para que se mueva el alma. A este le sigue el sentido del *oído*, después el del *gusto* seguido del *tacto* que es *uno de aquellos sentidos que están ocultos en el interior de la naturaleza del alma, como es la razón, el pensamiento y la comprensión.* Finalmente cita a la *vista* que deja de ser ciencia cuando *se abandona mirar al Libro Santo y no persevera en el estudio de las Escrituras.*

La función y utilidad de los cinco sentidos corporales, utilizados de forma conveniente viene a ser, dice Ibn Gabirol, como el médico experto que prepara recetas utilizando de cada medicina la cantidad exacta haciendo de la mezcla un cálculo preciso. De ahí que cada sentido tenga un uso concreto que resulta de utilidad cuando se emplea adecuadamente y, en consecuencia, deba prohibirse su uso cuando causen diversos males por su mal manejo. El más noble de todos los sentidos es, para el filósofo, el de la vista, puesto que la disposición del ojo en el cuerpo es como la del Sol en relación al universo en tanto que procura luz. A este respecto y en seguimiento de Aristóteles, Ibn Gabirol indica que la vista debe ser obligada a realizar los movimientos más nobles y evitar los viles, sentencia que completa con lo especificado en *Números*, 15, 39.

Al sentido de la vista le sigue en dignidad el del oído y luego el del olfato y el gusto, que debe ser dominado por la razón. Finalmente, el tacto también debe ser dominado racionalmente, pues los placeres derivados del mismo *son enfermedades de tu cuerpo que debes sanar y desarreglos que debes curar*, en consonancia con lo que apunta Aristóteles en su *Etica a Nicómaco*, al afirmar que los placeres procedentes de la actividad espiritual no cabe exceso, pero sí en los corporales que deben ser regulados por la virtud de la templanza.

LOS CARACTERES Y LA CONDUCTA

Una vez descrita la naturaleza de los sentidos corporales, Ibn Gabirol procede a la descripción de los caracteres que se derivan de ellos teniendo en cuenta que en los mismos puede haber una doble versión, es decir, que pueden ser buenos para unos casos y perniciosos para otros. En este caso, también de acuerdo con Aristóteles, el filósofo de Málaga tiene en cuenta el dualismo de la naturaleza humana en tanto que está compuesta de cuerpo y alma y, en consecuencia, deben ser más estimados los actos que proceden del espíritu y conducen a su perfección. Por otra parte, Ibn Gabirol se inclina, en este caso, por la norma suprema que establece la Sagrada Escritura, aunque trae a colación opiniones de Galeno, Aristóteles y con lo que tiene relación con un fondo teórico que, a juicio de algunos estudiosos, procede de las teorías de los Hermanos de la Pureza que citamos en páginas atrás.

La clasificación que propone Ibn Gabirol de los sentidos corporales y los cuatro rasgos característicos —que él denomina *especies*— que corresponden a cada unos de ellos la expone en un diagrama aclaratorio al que sigue una descripción detallada de cada rasgo que nosotros citamos a continuación.

Al sentido de la vista, según el filósofo, le corresponden cuatro rasgos: el *orgullo*, la *humildad*, la *modestia* y la *desvergüenza*. El *orgullo*, que se adapta a los humores amarillos y cálidos *porque es propio de la bilis amarilla el que se produzca este carácter*, dice el autor que se puede observar en la niñez y en la juventud y, en la madurez, este rasgo adopta las formas de vanidad y jactancia. En cuanto a la *humildad*, merece los mayores elogios, pues es el más elevado de los grados de la nobleza de los profetas que, por ello, fueron distinguidos con rasgos divinos como se dice en el *Génesis*, 18,27. En cuanto a la *humildad*, a la que Ibn Gabirol también llama *cordura*, o *modestia*, se define por su relación con la razón, encargada de ordenar las buenas acciones y por ello, *de acuerdo con la opinión de los filósofos y de los sabios*, este carácter es *una de las cualidades del alma noble y es como el espíritu respecto al cuerpo*. En lo tocante a la *desvergüenza*, según el filósofo, es un rasgo dotado de bilis amarilla que debe evitarse *con toda la fuerza que se pueda* aunque, a veces, sea algo laudable, como en el caso de la defensa de la religión o cuando se dice la verdad.

Sobre el sentido del oído, se trata de un género que contiene cuatro especies o rasgos característicos: el *amor*, el *odio*, la *compasión* y la *crueldad*, y su relación con el sentido es cuestión sobre la que conviene «afinar mucho» pues, dice Ibn Gabirol, *aunque nuestra exposición no sea en extremo clara, sin embargo, al que es inteligente le bastará con las alusiones e indicaciones que hacemos*. Numerosos pasajes bíblicos se hacen eco del sentido del oído, empezando por el que refiere la audición de la voz de YHVH que Moisés tuvo en el monte Sinaí, y considerando también la función creadora de la Palabra divina. La dificultad de asociar los cuatro rasgos mencionados con el sentido del oído reflejados en los textos de la Sagrada Escritura reside, a juicio del filósofo, en el esfuerzo intelectual que implica la relación del sentido con los rasgos de carácter que se le atribuyen empezando por el del *amor* que debemos entender por una pasión, de la que *es casi imposible que el ser humano se libere de ella salvo cuando la razón es la que lo domina y esto es algo que no se produce.* En este rasgo predomina la sangre, que en la edad de la juventud y en el *tiempo de primavera, la pasión amorosa tiene su mayor fuerza.* Aunque es conveniente alejarse de este carácter y no ejercitarlo, es preciso entregarse a él cuando se trata de la sumisión a YHVH y sus leyes siendo pernicioso en los demás momentos de la vida pucs, como dice el filósofo:

> Cuando este carácter se apodera del alma, los sentidos se hacen inútiles y el que lo adopta se hace inconsciente porque se ha consagrado del todo a los placeres, [...]. Sobre esta situación un sabio escribía a otro acerca del tema de la represión del placer y le decía que no lograría lo que amaba hasta que no hubiera sufrido mucho por lo que aborrecía y que no se vería libre de lo que aborrecía hasta que no sufriera mucho por lo que amaba.[100]

En cuanto al *odio,* dice Ibn Gabirol que de este carácter se deriva el aburrimiento y, citando a Sócrates, asegura que este dijo a sus discípulos: *Tened cuidado de aquel a quien vuestros corazones odian, porque el corazón humano es como un espejo.* Esta sentencia es semejante a la que aparece el *Proverbios,* 27, 19: *Como el rostro se refleja en el agua, así el hombre lo hace en su corazón.*

El rasgo de carácter asociado al oído, el de la *compasión* y la *clemencia,* pertenece, dice Ibn Gabirol, a la manera de ser del Creador de tal modo que se incluye en sus doce atributos especiales como Señor del universo, tal como señala el *Salmo* 103. De ello se deduce que quienes tienen

---

100 Ibn Gabirol, *Op. cit,.* p. 95.

inteligencia deber ser revestidos de este carácter y tenerlo siempre presente y *clavado en el alma.* Sobre la *crueldad* es, según el filósofo, *horrendo en su totalidad y se da cuando el alma de la ira predomina sobre la totalidad del alma.*

Al sentido del olfato le corresponden cuatro caracteres: la *ira*, la *complacencia*, la *envidia* y la *vitalidad.* En cuanto al primero de los rasgos mencionados, Ibn Gabirol indica que se trata de un carácter abominable, pero también elogiable cuando se trata de rechazar el haber cometido algo prohibido, si bien lo mejor es tomar el justo medio; en este caso, el autor se remite a la doctrina aristotélica, que preconiza que las virtudes morales consisten en el justo medio entre dos extremos perniciosos.

Para Aristóteles, la virtud se halla en el medio, *méson*, entre lo poco y lo demasiado, y la determinación exacta del medio proporcional entre ambos extremos es el paso a la consecución de la virtud precisa que, en este caso, será un hábito adquirido, voluntario, deliberado, que consiste en *el justo medio en relación a nosotros, tal como lo determinaría el buen juicio de un ser humano prudente y sensato que juzga conforme a la recta razón y la experiencia.*[101]

Junto a la propuesta de Aristóteles —al que no cita Ibn Gabirol pero cuya presencia es evidente a la luz de lo que él expone—, el filósofo judío se refiere expresamente a Galeno cuando se refiere a la *ira*, a la que considera útil y beneficiosa a partes iguales, tal como dice el médico de Pérgamo en su libro sobre los caracteres del alma: *la ira y la cólera son dos nombres con un solo significado*, pero *el que usa la ira con reflexión muestra dignidad y el que la ejercita irreflexivamente, estupidez y por ello se dice que la ira y la extremada cólera no están lejos de la locura.*[102] Sin embargo,

---

101 Aristóteles, *Ética a Nicómaco*, II, 6.
102 Ibn Gabirol, *Op. cit*, p. 113.

Ibn Gabirol subraya explícitamente su propia opinión al respecto:

> Nosotros decimos lo siguiente: clasificamos el alma irascible en cuatro grados: el primero es el de quien se encoleriza rápidamente y se apacigua enseguida [...] como se da en las personas que tienen el humor de la bilis amarilla. En el otro extremo está quien es lento en airarse y apaciguarse. En tercer grado es el de quien se tranquiliza lentamente y se encoleriza con rapidez y el cuarto grado es el de quien tardar en encolerizarse y se tranquiliza rápidamente. Este es el caso más laudable y constituye una de las virtudes de las personas grandes y virtuosas [...] como se dice en *Proverbios*, 16, 22.[103]

En lo que se refiere al carácter de la *complacencia*, la misma es merecedora de todos los elogios, y de este rasgo derivan conductas tales como el saber excusar a los demás y el perdón de las faltas y pecados de los otros, sabiendo que ambas cualidades pertenecen al Creador y a la persona sabia y honorable. En cuanto a la *envidia*, dice Ibn Gabirol que pertenece a la estirpe de la *ira* y muchas almas *que usan de la razón no se ven libres de este carácter envidioso.*

Por último, sobre el cuarto carácter derivado del olfato, la *vitalidad*, dice el filósofo que la misma pertenece a la estructura de la bilis amarilla, y que suele aparecer cuando *el alma está libre de los demás caracteres abominables y no está mezclada con inquietud alguna.* Frente a la *vitalidad* se encuentra la holgazanería, *que da lugar a la somnolencia porque los vapores que están destinados a que salgan liberados por los conductos que tiene el cuerpo, mediante fuertes movimiento, cuando éstos se inmovilizan, no salen al exterior y suben al cerebro produciendo un sueño constante.*[104]

---

103 *Ibid.*, p. 114.
104 *Ibid.*, p. 120.

En el sentido del gusto, siguiendo con su división cuatripartita de los caracteres asociados a cada uno de los cinco sentidos corporales, se detectan cuatro de ellos: la *alegría*, la *pena*, el *arrepentimiento* y la *tranquilidad.* Sobre la *alegría*, dice Ibn Gabirol que se encuentra, a veces, de forma natural, como *es el caso de quienes tienen una naturaleza caliente y húmeda en la conformación de la sangre.* Otras veces aparece de forma accidental, como cuando se consigue lo que se busca o se logra lo que se desea. Opina el filósofo que este carácter debe hallarse en las personas que tienen el alma limpia y que aspiran a las cosas espirituales, si bien este rasgo *no es patrimonio del alma racional, como opina Galeno, sino que lo es del alma animal*, como en parte opinaban Aristóteles y Filón de Alejandría.

En cuanto a la *pena*, dice Ibn Gabirol que es un carácter cuya naturaleza es el frío y seco de la bilis negra y amarga. y que de ella no se libra nadie de forma definitiva, e incluso puede llegar a proporciones tan grandes que, en algunos casos, *pueden llegar a sufrirse enfermedades psíquicas*, como leemos en *Proverbios*, 12, 25. La *pena* se asocia a la constatación personal de ser desgraciado y, por tanto, *debemos avergonzarnos de haber elegido este carácter y sus consecuencias puesto que nuestra aspiración está en ser elevados al estado de felicidad total.* Un buen lector de la obra de Ibn Gabirol como fue Spinoza, coincide con el primero en afirmar que, quien quiera alejarse de la tristeza o la pena, debe representarse las cosas en su alma como algo *que ha de traer consigo necesariamente la tristeza, a saber, tal como son*, en palabras del filósofo malagueño. Este mismo asocia la *pena* al *arrepentimiento* y trae a colación la opinión de Galeno: la pena *desgasta el corazón y la congoja lo enferma.* El remedio para librarse de tales efectos, siendo el llanto uno de los más frecuentes, puede ser acudir a los medicamentos.

Por último, la *tranquilidad* constituye un carácter elogiable cuando se tiene fe en el Creador, y por ello se encuentra frecuentemente en los santos que confían en Él, tal como leemos en los *Salmos* 112 y 115.

Al sentido del tacto le corresponden los caracteres de *generosidad, avaricia, valentía* y *cobardía.* El primero se relaciona con el tacto, ya que *se localiza en el interior de la palma de la mano,* pues la generosidad consiste precisamente en abrir la mano de la misma forma que la avaricia estriba en cerrarla. Sin embargo, tratando de la *generosidad,* hay quc tener en cuenta que la misma debe ejercitarse con moderación y sin que *se sobrepasen los límites de la prodigalidad*; de ahí que el *lado malo de este carácter es que se malgasten los bienes en lo innecesario y que se los administre mal.*

La *avaricia* es siempre censurable, dice el filósofo, y la mejor forma de conducir este carácter es acostumbrarse a realizar buenas acciones *de cara a los vecinos hasta que esa benevolencia alcance a los extranjeros y, finalmente, se llegue a ser generoso con todo el mundo.*

Sobre la *valentía,* dice Ibn Gabirol, que es carácter propio de los hombres en los que prevalece la sangre sobre los demás humores naturales, y es algo que denotan los que *tienen las venas llenas y los brazos largos, sobre todo si se trata de personas que se dediquen a los asuntos bélicos.* Es un carácter, por otra parte, que debe emplearse en el servicio del Altísimo y en asuntos de la vida cotidiana, siempre que no se salga del justo medio, *no sea que se le llame necio a quien se aparte de este medio.* El carácter contrario a la *valentía* es la *cobardía,* que se da frecuentemente *en los que tienen almas débiles y afligidas, pobres y despreciables.* Cuando sea el caso de una amenaza grave, dice el filósofo, es posible *reconocer clara y sinceramente que se ejercita la cobardía,* pero teniendo mucho cuidado en los males que acarrea una cobardía como forma natural de ser pues, en este caso, este carácter:

> [...] engendra en el cuerpo no pocos males y enfermedades como la laxitud, el embotamiento, la hinchazón, la gota, la ciática, la elefantiasis y otras cosas parecidas originadas por la mala digestión. Todo esto, de tal manera que este carácter se convierte en una costumbre y entonces la persona afectada ve todas las cosas como defectuosas, sobre todo si el que es cobarde tiene un humor flemático, además de una edad avanzada, con lo cual ambas cosas le pesarán de manera excesiva.[105]

En el capítulo de conclusiones de su libro, Ibn Gabirol nos dice que por amor a la concisión, por su aversión a extenderse demasiado y *por miedo a salirnos del objetivo de la obra,* ha dejado de tratar en ella diversas cuestiones para *un momento posterior,* como serían las relativas a la localización en el cuerpo de cada uno de los caracteres y *otras muchas cosas de la ciencia de los humores, de la anatomía y de la fisiología.* Con lo escrito, dice el filósofo, cree haber respondido acertadamente a la insistencia de *uno de mis hermanos,* que le rogó escribiera el libro para servir de guía y orientación dadas las circunstancias que contribuyen a la manera de ser de las personas.

El autor de la *Corrección de los caracteres* nos dice también que se ha esforzado en utilizar argumentos y demostraciones racionales en *atención a muchas personas de entre la masa del pueblo a fin de que lleguen a conocer la manera de ser de los selectos.* Además, nos dice que no ha puesto en la composición de la obra *nada que no sean mis propias ideas y mi propio libro y que no he emprendido sino aquello que a mi se me ha ocurrido.*

---

105 *Ibid.*, p. 130.

El libro de Ibn Gabirol no dejó de tener críticas por parte de, suponemos, algunos pensadores o eruditos que residían en Zaragoza en sus últimos años en la ciudad, a lo que alude el autor diciendo que *vivimos en unos tiempos de males y de miseria, de continuas desgracias y circunstancias perturbadoras. Pero no me quejo.*[106] Esa oposición a la que veladamente se refiere Ibn Gabirol, tuvo como lema el consejo que le fue dado por sus adversarios, quienes afirmaban que no debía incitar a la gente a corregir sus caracteres y concienciarles de que embellecieran su educación sin que esto se encontrase en la naturaleza de sus propias almas pues, de este modo, *serás como aquel que recomendaba la piedad y se olvidaba de sí mismo.*

La dureza de esta acusación influyó en el ánimo del autor e incrementó su aversión por el ambiente intelectual de la corte zaragozana, de la que dan cuenta sus algunos de sus poemas. De forma clara y explícita, Ibn Gabirol responde a las críticas al final de su libro diciendo:

> Pido al Altísimo que zanje las objeciones de quienes se oponen a nosotros con sus críticas y que reduzca al silencio las bocas de los que nos dicen necedades. Yo no estoy seguro de que su envidia no los lleve a quitarnos de nuestro sitio. Pero no me veré afectado por su confusión ni seré derrotado por su barbarie. Me basta con mi Señor y en sus manos me pongo. [...] Soy inocente de sus invectivas contra mí cuando hablan con soberbia y estoy a salvo de sus arrogancias cuando se ponen en el primer puesto porque nada de esto está en mi mano. Soportaré sus embates pero diré como dice el salmista a *los que me pagan males por bienes y los que me atacan cuando procuro el bien.*[107]

106 *Ibid.*, p. 77.
107 *Ibid.*, p. 71.

Decíamos en páginas atrás que cabe la posibilidad de relacionar la obra ética de Ibn Gabirol con la elaborada por Spinoza seiscientos años después, y así lo pensaron algunos autores que formularon hipótesis sobre dicha relación, como fue la de M. Ionel Mikalovici.[108] Para establecer esa comparación existen motivos suficientes, siendo el primero de ellos el tener constancia de que Spinoza leyó la obra de Ibn Gabirol, como también la de Maimónides y la de Abraham ibn Ezra. El filósofo judío holandés de ascendencia sefardí conoció la obra poética de Ibn Gabirol, pues se recitaba en las escuelas judías de toda Europa y sus himnos formaban parte de la liturgia sefardí en el siglo XVII y antes del mismo. Por tanto, es muy verosímil que, en su momento, Spinoza leyese la obra filosófica y ética del pensador malagueño y tomase nota de los postulados que se plasman en la *Corrección de los caracteres* que hemos analizado.

Hay otra razón para que podamos hablar de similitudes de fondo en la obra ética de ambos pensadores, y es la que reside en el hecho de que los dos son judíos y fueron educados en la estricta observancia de los preceptos de la Ley mosaica tal como se recogen en la *Misná*, para cuyo cumplimiento es necesario tener en cuenta un estudio previo y lo más minucioso posible de las disposiciones de carácter de la naturaleza humana que, debidamente pulidas de adherencias nocivas, puedan conducir a la beatitud. Dicha meta, tanto para Ibn Gabirol como para Spinoza, es un logro que afecta, en primer lugar, al entendimiento pues, como dice el primero, la beatitud reside en el mundo del intelecto, y el segundo rubrica esta

108 M. Ionel Mikalovici, «Selomo ibn Gabirol y Baruj de Spinoza», *Homenaje a D. David Gonzalo Maeso, Miscelánea de Estudios árabes y hebráicos*, Universidad de Granada, 6, 1979, pp. 369-379.

afirmación diciendo que el amor a Dios es, en principio, un amor intelectual.

Tampoco podemos dejar de tener en cuenta que ambos filósofos elaboran sus obras en circunstancias históricas muy diferentes, y que la obra ética de Spinoza nos remite directamente a la de Descartes y la de Ibn Gabirol a los precedentes aristotélicos y de la medicina griega clásica, como hemos tenido ocasión de leer anteriormente. Por otra parte, Spinoza es un judío heterodoxo que fue expulsado de su comunidad judía en su primera juventud, redactando su escrito de defensa en castellano. En cierto modo, también Ibn Gabirol se sintió aislado de su propia comunidad y, como sabemos, elaboró su obra en una situación de retraimiento y soledad, si bien nunca dejó de ser un fiel creyente y un sabio conocedor de las sentencias dogmáticas emanadas de la Sagrada Escritura, como atestiguan las innumerables citas bíblicas que aparecen en su *Corrección de los caracteres* como apoyo a sus tesis. A pesar de ello, ambos autores no dejaron de ser «sospechosos» para sus adversarios.

Expuesta al *modo geométrico*, como indica el título de la *Ética* de Spinoza, Ibn Gabirol también aporta en su libro ético un esquema al que él denomina *geométrico* con el fin de que el lector comprenda las relaciones entre humores y caracteres, si bien el empleo del término por parte del primero no está relacionado directamente con propósito del segundo. En gran medida, es difícil precisar las fuentes originarias del pensamiento de Spinoza pero, aunque el único filósofo al que cita por su nombre es Descartes, alude en algunas de sus obras a los *antiguos hebreos*, alguna de cuyas obras se encuentran entre los 161 libros de su biblioteca como la *Guía de Perplejos* de Maimónides y los *Diálogos de amor* de León Hebreo.

Según P. Rotta, fueron las obras filosóficas judías, entre las cuales está la *Fons Vitae* de Ibn Gabirol, las que despertaron en él la conciencia reflexiva y las neoplatónicas las que le sugirieron la solución a sus problemas filosóficos.[109] Por otra parte, sabemos que cuando se sumió en una profunda crisis personal a raíz de su expulsión de la comunidad judía de Amsterdam, acudió en primer lugar a la obra citada de Ibn Gabirol, a la también citada de Maimónides, así como a las de Levi ben Gerson, Chasdai Crescas, León Hebreo, y Abraham de Herrera, que escribió una adaptación del libro cabalístico *El Zohar*, publicado en Amsterdam en 1626.

A partir de ese fondo judío y tras la lectura de la *Fons Vitae*, podemos deducir la coincidencia de intenciones que se advierten en Ibn Gabirol y en Spinoza, empezando por la común idea de ambos que proclama que el bien del ser humano debe tener en cuenta el desarrollo y la perfección total de su esencia, compuesta de cuerpo y alma, de forma que la salud del primero se corresponda con la tranquilidad espiritual de la segunda. En el complejo mecanismo de los afectos de Spinoza y en la combinatoria aritmética de humores y caracteres de Ibn Gabirol, destacan una rica variedad de afectos, en un caso, y caracteres en otro, de entre los cuales unos resultan ser activos y otros pasivos o, dicho de otra forma, unos son útiles y beneficiosos y otros nocivos a los que se debe reprimir.

Spinoza cita en su *Ética* más de cincuenta afectos y, entre ellos, como beneficiosos, destaca parte de los que ya había citado Ibn Gabirol como buenos: el *amor*, la *generosidad*, la *gratitud* y la *benevolencia*. Entre los perjudiciales, ambos pensadores coinciden en destacar la *tristeza*, el *odio* y la *melancolía*, teniendo en cuenta que algunos pueden

109 P. Rotta, *Spinoza*, Milán, 1978.

ser buenos o perjudiciales según el uso que se haga de ellos como el *amor* y el *deseo.*

El fondo filosófico panteísta de Spinoza, que plantea un determinismo rígido, está ausente del de Ibn Gabirol, que remite la capacidad humana para conducirse rectamente a la Voluntad divina, aunque podemos ver similitudes o paralelismos conceptuales entre ambos filósofos cuando los dos piensan que el bien de cada ser humano consiste en alcanzar la plena perfección, siendo bueno todo lo que contribuye a este fin y malo lo que lo impide. También están muy cerca el pensamiento de uno y otro, cuando se refieren al amor intelectual al Ser Supremo muy claramente especificado por Spinoza y más tenuemente descrito por Ibn Gabirol si bien coinciden plenamente en lo expresado por el filósofo de Amsterdam en las palabras que cierran su *Ética*:

> Con lo dicho, queda de manifiesto cuánto vale el sabio y cuánto más poderoso es que el ignorante que solo actúa movido por la concupiscencia. Pues el ignorante, aparte de ser zarandeado de muchos modos por las cusas exteriores y de o poseer jamás el verdadero contento de ánimo, vive, además, casi inconsciente de sí mismo, de Dios y de las cosas y, tan pronto como deja de padecer, deja también de ser. El sabio, por el contrario, apenas experimenta conmociones de ánimo sino que, consciente de si mismo y de Dios y las cosas según una necesidad eterna, nunca deja de ser, sino que siempre posee el verdadero contento del ánimo. [...] Arduo ciertamente, debe ser lo que tan raramente se encuentra [...]. Pero todo lo excelso es tan difícil como raro.[110]

110 B. de Espinosa, *Ética demostrada según el orden geométrico*, Ed. Vidal Peña, Editora Nacional, Madrid, 1984, p. 392.

El adiós

En 1045, como dijimos, Ibn Gabirol acabó su *Corrección de los caracteres*, tal como se refleja en los manuscritos conservados de la obra que *compuso el gran sabio, destacado filósofo Shelomó bar Yehuda conocido como Ben Gabirol, el español, en la ciudad de Zaragoza, en el mes de Nisán del año 805* [1045].[111] Antes de esa fecha, el filósofo había encontrado en Zaragoza el descanso y la protección de Yequtiel ibn Hasan al-Mutawakkil ibn Caprón, muerto en circunstancias trágicas en 1039. Después de esa fecha, su estancia en la ciudad se le hizo insoportable y su ánimo se debatía entre la ira y el desasosiego, como dice en algunos de sus poemas. Por ello, parece ser que emigró a Granada, donde tuvo el mecenazgo de Samuel ibn Nagrela, al que dedicó poemas laudatorios en 1040, celebrando una victoria del rey de la ciudad sobre algunos rebeldes. Sin embargo, no tardaron en surgir desavenencias entre ambos debidas a rivalidades de orden literario y también, parece ser, al agrio carácter del pensador malagueño, aunque se conocían desde hacía tiempo y es cierto que Ibn Gabirol

111 Citado en la introducción a *La Fuente de la Vida* realizada por Carlos del Valle, p.19, nota 39.

nunca dejó de tener afecto sincero a su mecenas y amigo a pesar de las desavenencias entre ambos. Prueba de ello es la sentida elegía que le dedicó tras su muerte en 1056:

> Mi corazón desfallece y está desasosegado, sin consuelo
> y mi alma se abrasa en lamentos,
> mientras mi espíritu hace por ti un gran duelo,
> siendo así que antes, a tu lado, siempre se alegraba.
> Por tu ausencia gravemente padezco
> y ando errante como oveja perdida, dispersada.
> Mi alma llora a lo largo de mi vida,
> como si estuviera en trance de muerte.
> ¿A quién me dirigiré de ahora en adelante,
> a quién solicitaré encontrar refrigerio?[112]

Tras unos años en Granada, Ibn Gabirol regresó a Zaragoza, posiblemente por las mismas causas por las que dejó la ciudad del Ebro, y en ella redactó su *Corrección de los caracteres* que, como quedó dicho, ocasionó duras críticas de sus correligionarios hasta el punto que, como dicen algunos autores, llegó a ser expulsado de la comunidad hebrea bajo sospecha de que había hecho experimentos de magia.[113] De nuevo, volvió al exilio, esta vez hacia Valencia, ciudad que siempre estuvo en el horizonte político de la taifa de Zaragoza. Allí, hacia el año en que el filósofo escribió su obra ética, ya se manifestaban turbulencias y agitaciones sociales motivo este que, junto a los personales del filósofo, pudo haber decidido su marcha.

Carlos del Valle, en su excelente introducción a *La Fuente de la Vida* de Ibn Gabirol, menciona, a partir de datos contrastados, que el mismo estaba con vida hacia el año 1070, y Moisés ibn Ezra indica que la muerte le

---

112 J. M. Millás Vallicrosa, *Literatura hebraicoespañola*, Labor, Barcelona, 2ª ed. 1968, p. 69.

113 R. Ruiz Gisbert, «Salomón Ibn Gabirol», *Isla de Arriarán*, XXX, diciembre, 2007, pp. 31-42.

llegó en Valencia donde asegura que está su sepulcro. Sin embargo, dice Carlos del Valle, también existe el testimonio de un manuscrito estudiado por S. Sachs en su obra sobre Ibn Gabirol, publicada en París en 1866, donde el autor afirma que el filósofo habría muerto en Ocaña. Fuentes árabes afirman que Ibn Gabirol falleció antes de cumplir los treinta años y otros dicen que fue entre 1057 y 1058 citando, además, un relato milagroso según el cual, un personaje no judío, envidioso de su talento y de su fama, lo mató y lo enterró al pie de una higuera. En su momento, el árbol floreció milagrosamente dando abundante fruto, y con ello se pudo descubrir a su asesino que fue ahorcado en la misma higuera.[114]

Sobre la vida de Ibn Gabirol hay opiniones que afirman que su medio de subsistencia no fue solamente su poesía pagada por sus mecenas, sino que también ejerció el comercio como medio de sufragar los gastos familiares ya que, como dice Carlos del Valle en el escrito citado, estuvo casado y tuvo hijos, como confirmaría una de sus plegarias en las que rogaba *por mi familia y mis hijos, para que no caiga a tierra ni un solo pelo de sus cabezas.* En cualquier caso, a pesar de los padecimientos que le acarreaban su enfermedad, su extrema delgadez y su pequeño cuerpo, el filósofo y poeta no dejó de cantar al amor, a la vida matrimonial y a los placeres de la vida. Así lo manifiesta en un poema escrito en forma de *qasida*, al estilo árabe, donde emplea algunas metáforas propias de la poesía árabe:

> Ella me miró y sus párpados estaban abrasados,
> mientras que su copa colmábase de sus lágrimas,
> sus palabras salían de su boca, como sartas de perlas

114 F. Torroba Bernaldo de Quirós, *Los judíos españoles*, Mdrid, 1967, p. 25.

y el sonreír de sus labios ni con el oro se comparaba.
Pero los reproches que a mi alma dirigió
me hirieron como las palabras del acreedor al pobre deudor.[115]

Más sincera y alejada de los tópicos poéticos de origen árabe que el poeta emplea en los versos anteriores, es el breve epitalamio en el que aparecen imágenes bíblicas y que se describen en el seno de la sinagoga donde se celebraban habitualmente las ceremonias nupciales, y que Ibn Gabirol asocia a los encantos de la naturaleza:

A aquel que se complace en contemplar el esplendor
del sol y de la luna en el cielo radiante,
decidle que corra a contemplar la pareja de gacelas
amorosamente unidas con velos de tálamos floridos.
Delante de tanto esplendor se avergonzó el sol,
y la luz de la luna también proclamó su gran confusión.
En obsequio a la pareja de amor, la tierra se vistió de gozo
y de las ondas marinas se exhaló un cántico triunfal.[116]

En otra breve poesía, siguiendo imágenes del Salmo 19, 6, que compara al sol con un joven desposado que deja su tálamo nupcial, Ibn Gabirol asocia el brillo del planeta Venus, la estrella matutina, con la presencia del Sol y la Luna visibles al alba que, junto con el cortejo de los invitados a las bodas, asisten a las mismas en el momento de una conjunción astronómica singular:

Bebe, amigo mío, gózate y alégrate,
por la aurora que en los cielos parpadea.
He aquí que la fulgente Venus avisa, como un heraldo,
la salida del novio de su cámara nupcial.
Acompaña, pues, tu a la desposada dentro de las cámaras
y a nosotros con la copa del festín precédenos.[117]

---

115 J. M. Millás Vallicrosa, *Literatura hebraicoespañola*, p. 66.
116 *Ibid.*, p. 67.
117 *Ibid.*, p. 68.

En cuanto a los momentos alegres de la vida, a los que Ibn Gabirol no fue ajeno a pesar de sus pesares, contamos con un poema, del que exponemos algunos versos, que el autor escribió a raíz de una fiesta que dio un amigo suyo llamado Moisés que, una vez acabado el vino en el transcurso del banquete, no dudó en ofrecer agua a sus invitados:

> Al acabarse mi vino, mis ojos derramaban
> torrentes de agua, torrentes de agua destilaban [...].
> Cesaron los cánticos, pues a los cantores
> la boca con agua llenaban, con agua llenaban [...].
> Las aguas del mar Rojo Moisés secó,
> y las marismas de Egipto corrompió,
> pero los labios de este anfitrión Moisés
> agua destilaban, aguas destilaban [...].
> Ciertamente de las ranas amigo seré,
> y con ellas gritaré y me lamentaré,
> pues, como ellas, yo también se
> la canción de las aguas, la canción de las aguas.[118]

---

118 *Ibid.*, p. 69.

Un eslabón recuperado

El caudal filosófico del que es deudor Ibn Gabirol, al que se suma su decisiva aportación personal, instala en su pensamiento y en su obra una mirada al pasado y otra al futuro teniendo en cuenta, ante todo, que ninguna de las obras filosóficas de importancia ha nacido de la nada y han carecido de continuadores. Los precedentes filosóficos del pensador malagueño se remontan al pensamiento griego y helenístico, al propio de sus antecesores judíos y al elaborado por los filósofos musulmanes como quedó dicho en su lugar.

Sin embargo, en la cadena conceptual que constituye este fondo filosófico, nos queda la sospecha de que parece faltar un eslabón que pueda ser algo así como el precedente más inmediato en lo tocante a las influencias filosóficas que él asumió, adaptó y elaboró coherentemente gracias a su talento discursivo. Como en su lugar quedó demostrado, resaltábamos la presencia de una obra traducida al árabe con el título de *Teología de Aristóteles*, que influyó decisivamente en la formación filosófica de los autores musulmanes árabes, los *falásifa*, cuyo contenido neoplatónico, pues se basa en algunas de las *Enneadas* de Plotino, marcó el rumbo del filosofar de pensadores como al-Kindi, al-Farabi o Avicena, además del propio de algunos filósofos judíos como Isaac Israeli entre otros. A partir de esa obra, el pensamiento filosófico musulmán, hasta Averroes que se inclinó por el sistema aristotélico, y parte del judío incluido Ibn Gabirol, exponen un sistema filosófico cuyo fundamento reside en un proceso de emanación de los seres desde el Uno hasta los entes materiales del mundo terrestre y en esa procesión descendente en grados de perfección, se manifiesta la presencia de los principios de *materia* y *forma* de importancia capital en el sistema filosófico de Ibn Gabirol como quedó explicado en su lugar.

Con los datos de que disponemos, podemos construir una hipótesis consistente en dar como precedente inmediato a Ibn Gabirol, la obra de un neoplatónico ismailí que con grandes probabilidades tuvo ocasión de leer el filósofo malagueño. Es esta la primera vez que quien esto escribe expone esta hipótesis que, evidentemente, queda a abierta a todo posible rechazo o aceptación. Por ello, titulamos el epígrafe como *regreso necesario* en tanto que, considerando la circulación de sistemas filosóficos como una cadena de transmisión, creemos que esa presencia filosófica ismailí merece tenerse en cuenta en el caso del pensamiento de Ibn Gabirol puesto que nos permite consolidar con mayor firmeza la transmisión de un esquema filosófico que parte de Plotino y llega hasta él mucho tiempo después.

Como sabemos, el ismailismo es una rama del islam adscrita a la variante *shií* que tiene como fecha de su aparición cuando, en el año 765, falleció en sexto *imam* de la *shía* y su sucesor, Yafar al-Sadiq, nombró como sucesor a su hijo primogénito, Ismail, que falleció antes que su padre. Por razones de espacio, no podemos hacer una relación detallada de los sucesos que siguieron a este hecho, y bástenos con saber que a raíz del mismo surgieron controversias políticas y religiosas diversas que dieron como resultado la constitución de una corriente, la ismailí, con amplias repercusiones en el mundo musulmán tanto *shií* como *sunní*. Esa presencia política y doctrinalmente poderosa alcanzó su mayor grado de preponderancia con la fundación del califato ismailí de Egipto en el año 909.

El ismailismo es conocido por la mayor parte de los historiadores, gracias a su importante presencia política en el siglo X, por las leyendas en torno a los sucesos de Alamut y, modernamente, por las riquezas y vida suntuosa de la dinastía de los Aga Jan. Sin embargo, pocos son los estudios que hacen referencia a su determinante función filosófica y, en particular, a la acogida que el pensamiento filosófico de origen neoplatónico tuvo en la comunidad ismailí, también denominada fatimí.

Entre el conjunto de filósofos neoplatónicos que destacaron por su brillantez especulativa está Hamid al-Din al-Kirmani, que nació en El Cairo en 996 y falleció en Iraq en 1021, el mismo año en el que nació en Málaga Ibn Gabirol, mera coincidencia de fechas que, sin embargo, no deja de tener un cierto significado, puesto que es al-Kirmani el autor que proponemos como precedente filosófico más cercano al filósofo malagueño. Debemos tener en cuenta, antes de seguir, que no debemos confundir al al-Kirmani ismailí o fatimí al que nos estamos refiriendo, con Abu-l-Hakam al-Kirmani, quien nació en Córdoba en 970 y murió en Zaragoza en 1066, y que pasa por ser el introductor en al-Andalus de la *Enciclopedia* de los Hermanos de la Pureza como en su lugar dijimos.

Personaje importante en la política de propaganda fatimí en el seno del califato de Bagdad, enemigo acérrimo del ismailismo, al-Kirmani conoció muy bien el pensamiento de Abu Sulayman al-Siyistani (m. 985), eminente figura del pensamiento neoplatónico oriental y, en su obra, abundan las citas de textos en lengua hebrea y siríaca, pues dominaba ambas lenguas, hecho este que ha dado pie a suponer que era de origen judío o cristiano. Fiel a su dogma ismailí, al-Kirmani señala la distinción radical entre el Uno y la *Inteligencia primera*, símbolo y origen del *Imam*, su sistema filosófico quedó plasmado en su libro titulado *La quietud del Intelecto* (o la *Razón)*, en árabe: *Kitab Rahat al-Aql*,[119] teniendo muy en cuenta que los escritos ismailíes constituían, ante todo, una literatura secreta reservada a los miembros de la comunidad y, por tanto, el libro de al-Kirmani estaba destinado exclusivamente para el adoctrinamiento de sus correligionarios.

La *Quietud del Intelecto* adopta la forma de una ciudad fortificada por siete murallas, imagen esta que ya expuso Plotino cuando comparó al *Intelecto*, es decir, al Entendimiento o Razón, con una ciudad viva cuyos muros encierran a los seres vivientes de la misma forma en que el *Entendimiento* reúne en su esencia a múltiples entendimientos individuales, como dejó expuesto en su *Enneada* IV. Al-Kirmani se instala en este horizonte y concibe que su ciudad del conocimiento abarca el ciclo completo del proceso cósmico, que parte de un *Principio* inefable seguido del *Entendimiento* y, en conjunto, de las inteligencias separadas, a las que siguen el mundo natural con las esferas y cuerpos celestes, los cuatro elementos y los tres reinos naturales finalizando con la aparición del ser

---

119 D. De Smet, *La quiétude de l'Intellect. Néoplatonisme et gnose ismaélienne dans l'oeuvre de Hamid ad-Din al-Kirmani (X-XI s.).* Leiden, 1995.

humano y su ascenso a su origen que es el mundo del *Entendimiento*.

En su obra, al-Kirmani muestra un profundo conocimiento de la filosofía neoplatónica, del *kalam* y de los sistemas de los *falásifa* musulmanes de su tiempo, conocimiento que el filósofo asimila, adapta e integra en su sistema en el que no faltan elementos de procedencia aristotélica, si bien nunca cita la procedencia de sus asertos. De forma parecida a la actitud filosófica de Ibn Gabirol, al-Kirmani sabe distanciarse de sus fuentes y trata de proponer soluciones nuevas a algunos problemas filosóficos derivados de sus informaciones.

En lo relativo a la composición de los seres como entes que participan de *materia* y *forma* como principios inseparables, el filósofo ismailí indica que esa unión indestructible implica que la *forma* no es tal sino gracias a la *materia*, y que esta precisa de aquella para ser inteligible. De forma similar a Plotino y a Avicena, al-Kirmani concede la *forma* a los *Entendimientos* o *Inteligencias en acto* estando libres de la *materia*, y de este postulado entiende que la *forma* está presente en tres categorías de seres: la que pertenece al dominio racional, la del natural y la del ámbito artificial.

En cuanto a la emanación, al-Kirmani afirma que la misma implica una semejanza entre el Uno inefable en tanto que fuente originaria y el *Entendimiento*, en tanto que presencia emanada en una relación entre ambos entes semejante a la que existe entre la luz y el Sol.

A diferencia de la teoría neoplatónica clásica, al-Kirmani interpreta al *Entendimiento* como la causa primera de la emanación del resto de los seres y, como acto puro, su potencia encierra el grado supremo de perfección que implica la posibilidad de ser una causa perfecta, a partir de la cual empieza la emanación o procesión de nueve

Entendimientos que, junto con el primero del que proceden constituyen una década luminosa al que cabe atribuirle el término neoplatónico, y también gnóstico, de *pleroma*, siendo éste un concepto que puede atribuirse originariamente a la filosofía de al-Farabi.[120]

La citada emanación queda explicada por al-Kirmani cuando nos ofrece el ejemplo de un rayo de luz que procede del *Entendimiento* o como la luz que proyecta el Sol sobre la superficie del agua o sobre un espejo. Este reflejo, a su vez, emite otros rayos luminosos y así sucesivamente de forma que todos los seres emanados comparten un elemento unificador que es la luz procedente del Origen y, en conjunto, puede concebirse el esquema del filósofo ismailí como un proceso que da comienzo con el Principio inefable que produce el Entendimiento que, a su vez, comporta una duplicidad: el Entendimiento en acto y un Entendimiento en potencia que se estructura a partir de la *materia* y la *forma*.

El pensador judío Isaac Israeli, ya mencionado en su lugar, atribuyó este esquema al pensamiento de Aristóteles, sobre todo teniendo como fundamento la metáfora de la luz y su reflejo, y así nos dice en su *Libro sobre los Elementos*, sobre el que el Estagirita afirma que el comienzo de todo lo que existe reside en dos sustancias simples: una de ellas es la *materia* primera que recibe la *forma* a la que los filósofos consideran como el origen de todo lo que existe. La otra raíz es la *forma* sustancial que es pura luminosidad, neto esplendor cuya unión con el principio material da lugar al Entendimiento o Inteligencia del que deriva todo el universo en el que se incluye el alma humana racional.[121]

---

120 D. De Smet, *Op. cit.*, p. 197.

121 *Ibid*,. p. 219.

Es evidente que, en este caso, Israeli nos está exponiendo una reflexión que procede de la *Teología de Aristóteles* que, como sabemos, es una paráfrasis de la obra de Plotino que tanta influencia tuvo en el pensamiento de los *falásifa* y en el de gran parte de los pensadores judíos medievales, entre los que se cuenta a Ibn Gabirol, quien tuvo en cuenta el análisis de Isaac Israeli en su obra. Por ello, el pensador de Málaga ubica a la *materia* y la *forma* universales en la cima de las sustancies espirituales, y de él proceden algunas importantes influencias en la filosofía cristiana como más adelante veremos.

Al-Kirmani leyó, sin duda, la misma *Teología de Aristóteles* y adaptó sus presupuestos a sus propias ideas, dando lugar a una argumentación en la que el Principio inefable produce el *Entendimiento* del que emanan, de forma simultánea, el segundo *Entendimiento en acto*, que a veces identifica con el Alma universal, y el tercer *Entendimiento en potencia* que el autor identifica con la Naturaleza. En conjunto, son diez las *Inteligencias* o *Entendimientos* que componen el cosmos diseñado por el filósofo ismailí. Para justificar ese esquema acude a unos fragmentos bíblicos que él dice haber encontrado en la *Torá* y que cita en hebreo y árabe:

> Por medio de diez órdenes [*maamarot* en hebreo y *auamir* en árabe], El creó el mundo y sobre diez palabras lo estableció.

De acuerdo con la interpretación que hace al-Kirmani de estas líneas, esas diez palabras u órdenes son las diez *Inteligencias cosmológicas*. Esta aseveración, dice D. De Smet en su obra que venimos citando, se relaciona con el primer capítulo de la obra cabalística ya citada, el *Sefer Ietsirá*, donde se afirma que YHVH creó el mundo a través de diez números, los diez *sefirot*, junto a las 22 letras del alfabeto hebreo siendo todo ello producto de la Palabra divina creadora.

Es evidente que los argumentos que aporta al-Kirmani derivan de su lectura del *Sefer Ietsirá*, siendo este hecho el fundamento de la opinión, ya expuesta, que sugiere que el autor era de origen judío. Sea de ello lo que fuere, lo cierto es que la obra de al-Kirmani llegó a tener notable influencia en el desarrollo del pensamiento judío, sobre todo a partir del siglo XII y, en especial, en el pensamiento judío en Europa. Fue en el siglo XIII cuando apareció un movimiento intelectual en el seno de dicho pensamiento judío que intentó armonizar los supuestos de la cábala con los propios del pensamiento árabe y musulmán elaborado dos siglos antes. Uno de los intelectuales judíos que destacó en este propósito fue Ishaq ibn Latif, autor de un sistema de correspondencias entre los diez *sefirot* del *Sefer Ietsirá*, las diez órdenes de la cábala, los diez grados de ángeles que propuso Maimónides y las diez Inteligencias separadas que expuso la filosofía islámica en su conjunto.

Es muy posible que este intento de relacionar algunos componentes relevantes del pensamiento judío, como es el de la cábala, con los presupuestos filosóficos racionales, fuera motivado por el deseo de otorgar un grado de consistencia y autoridad a elementos de carácter místico que, sin el refrendo racional, corrían el peligro de perderse en el olvido.

En el trasfondo de estos intentos subyace la figura de al-Kirmani que, como hemos visto, elaboró unas correspondencias entre esferas, *Inteligencias* y *sefirot* cabalísticos mucho antes de que se cayera en la cuenta de la necesidad de otorgar categoría filosófica a elementos de orden esotérico en el pensamiento judío. A pesar de la índole dogmática en la que se inserta el pensador ismailí, no cabe duda de que su obra, el *Kitab Rahat al-Aql*, fue leída con sumo interés por otros pensadores judíos y musulmanes, y que la misma fue conocida en al-Andalus y, especialmente, en Zaragoza, a la que llegó la *Enciclopedia* de los Hermanos de la Pureza como quedó dicho. De ello, podemos deducir que Ibn Gabirol pudo tener acceso a la obra de al-Kirmani, en cuyo caso puede recuperarse un eslabón, pasado por alto hasta ahora, en la cadena del conocimiento y adaptación del pensamiento neoplatónico por parte del pensador malagueño.

El regreso de Avicebrol

Ignorada la obra filosófica de Ibn Gabirol por sus contemporáneos y olvidada por Maimónides, el pensamiento del filósofo malagueño estuvo mucho tiempo sumido en el silencio, hasta que unos cincuenta años después de su muerte reaparece en el seno del gran movimiento de traducciones de obras griegas, árabes y judías que se inicia en Europa en el siglo XII. Ahora se hablará de Avicebrón, Avencebrol, Avicebrol o Avicembrón, traducciones latinas que se refieren a una misma persona, la de Ibn Gabirol, al que el obispo de París, Guillermo de Alvernia (m. 1249) considerará cristiano y afirmará de él que es único y notabilísimo filósofo, y Duns Escoto (m. 1308) mostrará su admiración por él y por su obra, llamándolo Avicembrón. Dos siglos después, Jordano Bruno (n. 1545) leerá *La Fuente de la Vida* y asimilará parte de su contenido, como también la leerá Spinoza; en el siglo XIX, Ibn Gabirol vuelve a resucitar de la mano de S. Munk, en 1859, siete años después de que Ernest Renan, en 1852, resucitase a la vida filosófica la figura y obra de otro pensador andaluz musulmán: Averroes. Por nuestra parte, en este capítulo citaremos a Ibn Gabirol como Avicebrón indistintamente.

En el siglo XI, Constantino Africano de Cartago viajó a Oriente, de donde trajo a Europa obras que él mismo tradujo del árabe al latín. Entre ellas que se encontraban algunas de Galeno y otras de Isaac Israeli. Por la misma época en la que las filosofías musulmana y judía dejaban su huella perenne en al-Andalus, da comienzo el gran movimiento de traducciones en el occidente cristiano cuando todavía Averroes (m. 1198) no había realizado sus comentarios a la obra de Aristóteles que, poco después de su desaparición, tradujo Miguel Escoto.

Toledo se convertiría en el centro más importante de traducciones, gracias a las cuales se elevaría como la gran ciudad del renacimiento cultural medieval y germen del movimiento traductor del que formaban parte Domino Gundisalvo, Gerardo de Cremona, Marcos de Toledo o el mencionado Miguel Escoto. Junto a Toledo, existían otros centros de traducción peninsulares como los de la zona del Ebro, Tarazona, Barcelona y Burgos, así como un número notable de centros italianos.

A falta de la traducción de las obras de Platón, que serán objeto de versiones latinas en el Renacimiento, las teorías neoplatónicas asimiladas por el pensamiento judío y musulmán bajo el nombre de Aristóteles como quedó dicho, la traducción de las obras del Estagirita fue acompañada de las realizadas sobre los libros de la ciencia y medicina griegas a las que hay que sumar las de procedencia musulmana y judía.

El rico caudal filosófico que irrumpe en la Europa cristiana del siglo XIII, sumida en el ámbito discursivo del movimiento escolástico, transformó la forma de los discursos y métodos de estudio filosófico, de forma que los estudios teológicos adquieren un nuevo horizonte especulativo en el que brillaba la luz de la razón. En una época y en un siglo esencialmente religioso en el que el sentido trascendente de la vida estaba enraizado en los dogmas religiosos derivados de los Textos revelados para cada una de las comunidades predominantes, la judía, la cristiana y la musulmana, la irrupción de la filosofía que transmitían las traducciones, cimentada en el empleo de la razón, no dejó de tener hondas repercusiones en la filosofía latina occidental en tanto que ese empleo podía dar un nuevo sentido a la trascendencia religiosa a la vez que podía ofrecer soluciones coherentes a las posibles crisis de conciencia que pudieran aparecer.

AVICEBRÓN COMO IBN GABIROL RECUPERADO

Los causantes de la recuperación y del regreso a la vida filosófica de Ibn Gabirol fueron, como quedó dicho, Domingo Gundisalvo y Juan Hispalense, quienes vertieron la obra del filósofo malagueño al latín y al castellano respectivamente. El primero de ellos, no solamente tradujo, sino que también asimiló la mayor parte de las ideas fundamentales de *Fons Vitae*, como lo demuestran sus obras y el resultado de esa asimilación otorga una nueva orientación en el curso de la Escolástica medieval siendo, por ello, un precursor inmediato no solo de lo que se conocerá como agustinismo filosófico, sino de toda la filosofía del siglo XIII.

Juan Hispalense o Hispano, también conocido como Ioannes Avendehut (al que podría identificarse con el judío David o Salomón ibn Daud) fue autor, además de la traducción castellana de *La Fuente de la Vida*, del tratado

De Anima, de una *Física*, de una *Lógica* y una *Metafísica*. Como judío converso, habría sido colaborador de Domingo Gundisalvo, aunque se apunta a que pudo ser incluso maestro de este, a quien se le habrían adjudicado erróneamente algunas de sus obras.[122] También se piensa que habría llegado a ser obispo de Segovia y arzobispo de Toledo, en cuya ciudad falleció en 1166. Con el nombre de Mauritius Hispanus se apunta a que figuraba en la lista de autores prohibidos tras los edictos sobre las obras escolásticas en la Universidad de París de 1210 y 1215.[123]

Domingo Gundisalvo (m. 1181) fue arcediano de Segovia y estuvo al frente del centro de traductores de Toledo. Escribió su tratado *De Processione Mundi*, cuyas fuentes de inspiración fueron Boecio, Avicena y, sobre todo, Ibn Gabirol, y de él pasarán a muchos pensadores de la misma. Gundisalvo, que en la escolástica era conocido como Dominicus Gundisalvus, Gundisalinus o Gundisalvi, nos ofrece un esquema filosófico que da comienzo con Dios cuya existencia, en su opinión, puede demostrarse por varias pruebas que constituyen el precedente inmediato de las vías ascendentes que culminan en Tomás de Aquino. De Avicebrón tomará el concepto de la composición universal que contiene la expresión *hilemorfismo universal* y, para acentuar la diferencia ontológica que separa la Unidad divina de la pluralidad creada, recurre a la teoría del filósofo judío en la que, como sabemos, el Creador produce una *materia* necesitada de un principio que la determine que es la *forma* que, a su vez, necesita de un principio que la sustente. De ahí que los principios de

122 M. Alonso, «Las fuentes literarias de Domino Gundisalvo», *Al-Andalus* II, 1946, pp. 159-173.

123 M. Alonso, «Notas sobre los traductores toledanos Domingo Gundisalvo y Juan Hispano», *Al-Andalus*, 8, 1943, pp. 155-188.

la generación sean tres: una *Causa eficiente*, una *materia* y una *forma*, entendiendo que estos dos últimos principios no pueden existir aisladamente si bien, antes de unirse, tienen ser en potencia que es el Ser en la sabiduría del Creador a la que Avicebrón se refiere como Voluntad. La Unidad originaria queda patente en la unidad que forma la indisoluble composición hilemórfica dejando claro que *materia* y *forma* proceden de la Voluntad por creación y no por generación.

En el pensamiento de Gundisalvo destaca, además de su teoría hilemórfica, el concepto de *ejemplarismo*, basado en la idea de que la *forma*, antes de unirse a la *materia*, existe en potencia en la Mente divina, de la que procede para unirse o imprimirse en la *materia* en la que queda grabada como en un espejo la imagen que procede del Creador.[124] También de Avicebrón, toma Gundisalvo el concepto de la Luz como primera forma de las cosas que se expande por todas ellas adoptando tres modalidades formales: *espirituales*, que sólo se encuentran en los espíritus; *corporales*, propia de los cuerpos; y *medias*, la sustancialidad y la unidad, que constituyen condiciones necesarias para que las dos formas anteriores puedan recibirse en un ente.

El orden descendente de la Creación, para Gundisalvo en seguimiento de Avicebrón, procede partiendo de la Unidad divina que crea el primer *binario* que es el formado por la *materia* y la *forma* de cuya unión se forma lo que el primero denomina *ternario* que está formado por la Inteligencia, los cuerpos celestes y los cuatro elementos. Del *ternario* procede un *cuaternario* en el que se incluyen las cosas generadas y corruptibles compuestas de los cuatro elementos.

---

124 G. Fraile, *Op. cit.*, II, p. 665.

La *Inteligencia*, según el esquema de Gundisalvo, genera las almas que mueven los cielos de cuyo movimiento procede el movimiento de los elementos que da lugar a su mezcla, y de ella proceden los seres sujetos a la generación y corrupción. De acuerdo con la distinta disposición de las sustancias mencionadas, Gundisalvo argumenta la existencia de cuatro clases de sustancia basándose en su correspondencia con un modelo aritmético, cuyo fundamento habría que buscarlo en principios pitagóricos o en los supuestos enunciados por el ya citado al-Kirmani habida cuenta de que Avicebrón no los menciona en su obra.

La citada clasificación y su correspondencia numérica, tal como aparece en el *De Porcessioni Mundi*, es la siguiente: la primera sustancia es la *Inteligencia*, que se asemeja a la unidad en tanto que solamente aprehende el *ser* del ente: la segunda es el *alma racional*, que se corresponde con el 2 porque ejercita el razonamiento que consta de proposiciones y conclusión, aludiendo con ello al silogismo aristotélico; al 3 se asemeja al *alma sensible*, porque su función en entender los cuerpos materiales que tienen tres dimensiones a los que percibe por tres medios que son el color, la figura y el movimiento. En este caso, sí puede encontrarse un eco, más o menos lejano, de lo que aparece en la *Fons Vital* cuando Ibn Gabirol nos habla de las cualidades sensibles, y su función en el conocimiento. Por último, la cuarta sustancia, la *naturaleza*, se asemeja al número 4 *porque la misma opera a partir de los cuatro elementos.*[125]

La Orden Franciscana se establecería en París en 1219, y su estudio se incorporó a su universidad en 1231; desde ese momento, toda su escuela filosófica y sus más destacados pensadores, excepto Juan de la Rochelle, adoptará la

125 *Ibid.*, p 668.

tesis del hilemorfismo universal elaborada por Avicebrón, siendo su primer expositor Alejandro de Hales (m. 1245). El filósofo franciscano manejó con agudeza las obras de Aristóteles y algunas de Avicena y Averroes sin dejar de lado las de San Agustín o San Anselmo. En su *Summa Theologiae* expone con detalle, citando la fuente, las ideas de Ibn Gabirol contenidas en su *Fons Vitae*, y así afirma que la esencia de los seres creados se compone de un *quod est* y un *quo est* además, y sobre todo, del binario ontológico representado por la *materia* y la *forma* (*primus binarius materiae et formae*).

De la composición de ambos principios, dice el filósofo, forman parte todas las sustancias creadas incluidos los ángeles y las almas humanas. En cuanto a la *materia*, dice Alejandro de Hales, puede hablarse de una *materia espiritual* que no está sujeta al movimiento ni a la contrariedad y de una *materia corpórea* que, junto a la primera, forman la esencia del alma humana que está unida al cuerpo de la misma manera en que lo están la *materia* con la *forma*.[126]

Con San Buenaventura (m.1274) culmina el esplendor de la escuela franciscana, y la forma en que se adoptan las corrientes filosóficas que entraron en Europa por medio de las traducciones de los libros de la filosofía griega, musulmana y judía. En su *Breviloquium* expone el hilemorfismo universal pues la composición de *materia* y *forma* la comparten todos los seres creados, incluidos ángeles y almas humanas, junto a los principios de *potencia* y *acto*, así como el de *esencia* y *existencia*.

La *materia*, dice el filósofo, es principio de limitación, de potencia y posibilidad y, por tanto, principio de la multiplicidad o multiplicación de los seres. Creado por

---

126 *Ibid*,. p. 717.

Dios, el principio material no es ni corpóreo ni espiritual y toda la diversidad posible de los seres proviene de la *forma*. Siendo la *materia* numéricamente una pues carece de determinación alguna, es la *forma* la que la determina, teniendo en cuenta que la primera *forma* sustancial creada es la Luz, tanto en los cuerpos como en los espíritus.

La *forma luminosa*, según San Buenaventura, no basta por sí sola para explicar la diversidad de los seres y por ello recurre a la argumentación consistente en que en todo compuesto corpóreo existe una pluralidad de formas sustanciales que se añaden la *forma luminosa* que comparten los seres creados y así podemos hablar de *formas* propias de los elementos, de los mixtos o combinación de ellos, y en sentido descendente en grados de perfección, de *formas* intelectuales, sensitivas y vegetativas.

Es importante destacar la opinión del filósofo franciscano en lo tocante a la función de la *forma* como principio de individuación puesto que hay muchos seres individuales que tienen la misma forma y por ello no pueden distinguirse. Esta aparente contradicción se resuelve, dice el pensador italiano, considerando al ser humano compuesto de un cuerpo material dotado de la primera *forma* de corporeidad que es la Luz y de las *formas* propias de los elementos y mixtos. Íntimamente unido a este conjunto formal, está el alma que, como todo ente espiritual, tiene su propia *forma* y *materia* espirituales, constituyendo una sustancia completa o individuo sustancial independientemente del cuerpo al que esté unida.[127]

Es evidente, en lo que venimos leyendo acerca de la presencia de Avicebrón en el pensamiento franciscano medieval, la sutil combinatoria que sus representantes citados hacen del pensamiento del filósofo judío y de los

127 E. Gilson, *La Philosophie de Saint Bonaventure*, Paris 1924.

elementos propios del dogma cristiano imperante en toda la teología y filosofía escolástica medieval. Más teólogo que filósofo, al filósofo de Viterbo no le basta el peso del pensamiento propiamente teológico dominante, sino que acude y cita a Ibn Gabirol en apoyo de unas tesis que amalgaman lo teológico con lo filosófico. Así las relativas a la pluralidad de las formas, a la Luz como forma primera de corporeidad o al hilemorfismo universal, formarán, junto a las que le llegaron de Aristóteles o San Agustín un complejo doctrinal que la escuela franciscana posterior deberá confrontar con las tesis tomistas.

LA REACCIÓN TOMISTA

Tomás de Aquino, el *Doctor Angelicus* (m. 1274), elaboró una inmensa obra filosófica y teológica cuya descripción superaría los límites de espacio disponibles en estas páginas. Su conocimiento de la filosofía anterior a él evidencia que conocía toda la filosofía que un sabio de su tiempo podía disponer, hecho del que tenemos noticia por sus citas, exceptuando las que hacen referencia a sus contemporáneos de acuerdo con las normas existentes en su tiempo. En cuanto a las citas relativas al pensamiento judío y musulmán, destacan las relativas a Avicena, Averroes, Ibn Gabirol y Maimónides.

Con un concepto realista de la composición del universo creado en el que predomina la armonía ontológica, Santo Tomás tiene en cuenta y respeta las ideas de Avicebrón pero, a su vez, critica duramente su sistema en muchos pasajes de su obra filosófica y, en especial, en su *De Substantiis separatas*, donde dedica cuatro largos capítulos para rebatir al pensador de Málaga en lo relativo a sus ideas sobre el principio de individuación en los seres creados.

Como sabemos, Ibn Gabirol propuso el concepto de *materia universal* común a todos los seres creados, tanto corpóreos como espirituales, tesis esta que Tomás de Aquino rechaza sin paliativos. Con un fondo neoplatónico evidente, la *Fons Vitae* hace referencia a una *materia universal* común que solo se distingue por la diversidad de *formas* que la misma podía recibir, a lo que el Doctor Angélico se opone en una secuencia demostrativa rigurosa en cuyo detalle no vamos a entrar aquí, diciendo que no existe una *materia* común a todos los seres, sino que, por el contrario, existen muchas *materias* distintas. La distinción de partes o variedades de *materia primera,* antes de recibir las *formas* correspondientes, proviene de su misma potencialidad que permite, por su misma naturaleza, recibirlas en su variedad. Así, sigue diciendo Tomás de Aquino en su obra citada, antes de entrar en juego la *forma* sustancial que otorga corporeidad, la *materia primera* se halla como dividida en diversas partes en cada una de las cuales recibe diversas *formas.* El resultado de la unión de las diversas partes materiales con las diversas formales, es la existencia actual de las sustancias corpóreas.

Como resultado de la argumentación, concluye el pensador italiano, hay que entender que Dios no crea por separado la *materia primera* entes de la *forma,* ni crea tampoco una *materia primera* universal distinguiéndola después en porciones en las que imprime las *formas,* como según él puede leerse el *La Fuente de la Vida.* Lo que Dios crea en primer lugar, sigue diciendo, son cuatro sustancias elementales con una *materia* idéntica en las cuatro y cuatro *formas* distintas que tienen un efecto común que no es otro que el de dar la corporeidad a la porción de materia que les corresponde y, a la vez, darle a cada una de ellas un modo específico y distinto de determinación.[128]

LA ACOGIDA RENACENTISTA

Desde el punto de vista filosófico, el Renacimiento europeo fue una etapa llena de vitalidad y, en gran medida, revolucionaria, en la que destaca la recuperación de Platón y los textos neoplatónicos, además de aquilatar una visión de Aristóteles más cerca de la realidad de sus ideas. De esta circunstancia derivarán choques dialécticos muy variados, y la escolástica medieval empieza a perder peso doctrinal y filosófico. Entre los años 1350 y 1450 es el Humanismo renacentista el momento en el que se recuperan los textos latinos, primero, y griegos después, de la antigüedad. Después de la última fecha citada hasta 1600 aproximadamente, el Renacimiento se abre definitivamente a la filosofía moderna.

En ese año falleció en la hoguera un pensador italiano que en una de sus obras, *De princpiis rerum elemenis et causis*, manifiesta su admiración por la *Fons Vitae* de Ibn Gabirol. Se trata de Jordano Bruno, dominico nacido en Nola en 1545, que tuvo una vida tumultuosa y escribió una obra considerable cuyo fondo filosófico procede de Tomás de Aquino, pero también de Avicena, Averroes e Ibn Gabirol además del de los libros de Raimundo Lulio y Nicolás de Cusa entre otros muchos autores más.

En seguimiento de este último, Bruno propone la reducción de la pluralidad jerárquica de todos los seres particulares a la Unidad de un solo Principio divino negando

128 G. Fraile, *Op. cit.*, p. 873.

el principio de la *materia primera* como constitutivo fundamental del universo como, según él, proponía Aristóteles. La Unidad absoluta es, para Bruno, la meta a la que debe aspirar toda propedéutica filosófica que se precie y la que debe adoptar el ser humano para llegar a ella por medio de dos vías: la del conocimiento y la del amor.

Muy cerca de Avicebrón, Bruno manifiesta que el *Alma universal* es la causa universal e inmanente generadora de todos los seres y contiene la *forma* de todos ellos que comunica a la *materia*. Esta es la realidad más opuesta a la Unidad y se concibe como pura potencialidad pasiva apta para recibir las *formas* que proceden del *Alma universal*. Bajo el impulso de la misma, todo lo existente está en perpetua evolución y el universo en su totalidad puede considerarse como un *animal santo, sagrado y venerable.*

La interpretación del pensamiento de Jordano Bruno ha dado lugar a una copiosa bibliografía cuyas opiniones oscilan entre una visión panteísta de la filosofía del autor, precursora de las ideas de Spinoza o Hegel, y una filosofía que se propone sustituir el materialismo aristotélico por un claro espiritualismo algo que también dio lugar a nuevas interpretaciones. A este respecto, podemos referirnos al pensador marxista Ernest Bloch (m. 1977), que en 1952 publicó en Berlín un libro titulado *Avicenna und die aristotelische Linke,*[129] en el que propone reconquistar el valor del principio material como solución a la dicotomía *materia/forma* vigente en casi toda la filosofía desde Aristóteles.

Dice Bloch que el Estagirita definió la *materia* como mero ser en potencia siendo la *forma* que, como causa final, es la que detente una función activa en el compuesto

129 La traducción española de la obra lleva por título *Avicena y la izquierda aristotélica,* Ed. Ciencia Nueva, Madrid, 1966.

sustancial de los seres y será Avicena quien elaborará un peculiar hilemorfismo universal afirmando que todas las cosas son *forma* o *materia* o compuestas de *materia* y *forma*. Jordano Bruno que cita a Avicebrón con mayor admiración que a Avicena o Averroes, hablará, como hemos visto, de la función de la *materia* con fines diferentes a los aristotélicos y esta función, según Bloch, proviene directamente de la formulada por Avicebrón.

El filósofo alemán nos dice que el pensador malagueño concibió con mayor rigor que Avicena la *materia universal* que une tanto a la razón como a los cuerpos, entendiéndola como el sustrato vital de la *uniforme coherencia vital del mundo*, y trae a colación, para justificar su propuesta, la frase que el discípulo pronuncia en el Libro segundo de la *Fons Vital:*

> He entendido que la *materia* natural particular subsiste en la *materia* natural general, ésta en la celeste general, ésta en la corpórea general y ésta en la *materia* espiritual general.[130]

De ello concluye Bloch diciendo que Avicebrón se refiere a la existencia de cuatro *materias* superiores por encima de la natural particular, sustancialmente idénticas todas ellas, que sirven de sustentación a la unidad del universo. Este concepto llegó a forjar, muy posiblemente, el de monismo materialista que proclamó David de Dinant a principios del siglo XIII. También buen conocedor de *La Fuente de la Vida*, Ernest Bloch afirma en su libro, que tuvo gran resonancia en los medios académicos del momento, que cuando Avicebrón habla de la *materia universal*, más que con el neoplatonismo del que es deudor en gran parte de

130 Citado por E. Bloch en *Op. cit.*, p. 49.

su filosofía, hay que relacionar este concepto con el pensamiento de Estratón (m. 269 a.C.) que, bajo la influencia de los pitagóricos y del atomismo de Demócrito, adoptó una postura netamente materialista.

Bloch, en su intento por hacer de Avicebrón un materialista susceptible de integrar una corriente materialista iniciada por Aristóteles, señala que la *materia* que concibe el pensador andalusí viene a ser idéntica a la esencia de las cosas y viene a ser el ente que surge como real por la voluntad divina. De este modo, la materia propuesta por Avicebrón es el punto de partida y, a la vez, el fundamento esencial de todas las sustancias finitas. Como tesis fundamental de la *Fons Vitae*, dice Bloch, el argumento que prepara la fórmula de Spinoza que indica la identidad entre Dios y la Naturaleza, *Deus sive Natura*, el filósofo alemán cita un párrafo de la obra de Avicebrón a partir de su edición latina de Clemens Bäeumker publicada en Munich en 1892:

> Puesto que en el mundo corpóreo tienen todas las materias y todas las formas ellas una esencia común, resulta que hay una materia unitaria y una forma unitaria. Y como también en el mundo de lo anímico y espiritual tienen todos los cuerpos y todas las formas una esencia común, resulta que también allí hay una materia unitaria y una forma unitaria.[131]

De ello se deriva la conclusión que aparece en la *Fons Vitae* en su edición latina que cita Bloch en su libros:

> Si la *materia* universal de todas las cosas es una, ello implica lo siguiente: que existe por sí misma, que su esencia es una y la misma, que sustenta la diversidad y da a cada una de las cosas su esencia y su nombre.[132]

---

131 E. Bloch, *Op. cit.*, p. 88.
132 *Ibid.*, p. 89.

La vitalidad inherente al pensamiento de Avicebrón hace de su obra un hito que le permite reaparecer en la historia del pensamiento en diversos momentos de la misma. Así pudo llegar a ser fundamento de la de un filósofo de la utopía marxista heterodoxa en lo relativo a la noción de materia como fue Ernest Bloch que interpretó la función del principio material como identificable con el movimiento al que describe en términos de un organicismo vitalista. En cualquier caso, la presencia filosófica de Ibn Gabirol, con la obra de Bloch, permanecerá viva en la corriente filosófica germana que va desde el misticismo de Böhme hasta Schelling en el seno del pensamiento germánico.

Conclusión

Muy pocas veces en la historia de la Filosofía un solo libro ha logrado ser centro de influencias posteriores, haciendo de su autor una figura cumbre del pensamiento humano. Habría que acudir a Parménides, cuya inmensa repercusión posterior procede de un poema del que se han podido rescatar unos cuentos versos, para demostrar el poder de una sola obra en cuanto al número de influencias posteriores que la misma pudo ejercer como es el caso de la de Ibn Gabirol. Sabemos de la influencia decisiva que tuvieron, como sola obra, el *Ser y Tiempo* de Heidegger o la *Fenomenología del Espíritu* de Hegel aunque, a diferencia de la *Fons Vitae,* la producción filosófica de esos autores, entre otros muchos que podríamos citar al respecto, estaba acompañada de un número más o menos considerable de estudios previos o de un ejercicio académico notable. En el caso de Ibn Gabirol hablamos de una sola obra de un autor que permaneció en silencio elaborándola, sin que nos consten escritos filosóficos previos excepción hecha de su obra poética.

Como indica Moisés ibn Ezra en su referencia al filósofo de Málaga, huyendo de las cosas terrestres, se consagraba enteramente a las cosas superiores como un alma que se había levantado sobre las impurezas del deseo y había sabido recoger todo lo que pueden enseñar las ciencias filosóficas y matemáticas más sutiles.

Olvidado en un principio, su reaparición en otros territorios en los que se especulaba racionalmente sobre temas religiosos, como fue el de la escolástica cristina o, posteriormente, en el humanismo renacentista hasta llegar a nuestros días, parece como su el pensamiento de Avicebrón hubiera estado madurando bajo tierra hasta emerger como un árbol lleno de frutos.

La tesis fundamental de su *Fons Vitae*, como hemos tenido ocasión de ver, nos indica que si conocemos cabalmente la existencia de la *materia universal* y de la *forma universal*, podemos ver y contemplar a la Naturaleza como si fuera un libro abierto que procuran, a quien lee sus letras y signos, un conocimiento perfecto de la Realidad. Cuando el entendimiento humano comprende las maravillas que estos caracteres encierran, surge el deseo de buscar a su Autor cuya Sabiduría une indisolublemente a la *materia* y a la *forma* del mismo modo que el aire se mezcla con la luz siendo la primera el soporte material donde la segunda escribe o traza figuras.

Es el eco de ese pensamiento el que puede escucharse en todos los estudiosos que le prestaron atención y lo asimilaron, presintiendo que muy posiblemente en el mismo se podían hallar las respuestas a las preguntas fundamentales de la vida humana que en su momento reformulará Kant: ¿de dónde venimos?, ¿adónde vamos?, ¿qué esperamos?

CONCLUYÓ LA EDICIÓN DE ESTE LIBRO, POR ENCOMIENDA DE ALMUZARA, EN ABRIL DE 2025, TAL MES DE 2021, MÁLAGA CEÑEBRÓ EL MILENARIO DEL NACIMIENTO DE SU FILÓSOFO MÁS UNIVERSAL